多维视角下人力资源管理模式研究

靳豆豆　王军旗　蒋杨鸽◎著

吉林出版集团股份有限公司
全国百佳图书出版单位

图书在版编目（CIP）数据

多维视角下人力资源管理模式研究 / 靳豆豆，王军旗，
蒋杨鸽著 . -- 长春 : 吉林出版集团股份有限公司 , 2022.9
ISBN 978-7-5731-2527-9

Ⅰ . ①多… Ⅱ . ①靳… ②王… ③蒋… Ⅲ . ①人力资
源管理—管理模式—研究 Ⅳ . ① F243

中国版本图书馆 CIP 数据核字 (2022) 第 181913 号

多维视角下人力资源管理模式研究

DUOWEI SHIJIAO XIA RENLI ZIYUAN GUANLI MOSHI YANJIU

著　者	靳豆豆　王军旗　蒋杨鸽
责任编辑	息　望
封面设计	李　伟
开　本	710mm×1000mm　　1/16
字　数	190 千
印　张	11.5
版　次	2022 年 9 月第 1 版
印　次	2022 年 9 月第 1 次印刷
印　刷	天津和萱印刷有限公司

出　版	吉林出版集团股份有限公司
发　行	吉林出版集团股份有限公司
地　址	吉林省长春市福祉大路 5788 号
邮　编	130000
电　话	0431-81629968
邮　箱	11915286@qq.com
书　号	ISBN 978-7-5731-2527-9
定　价	69.00 元

作者简介

靳豆豆 女，汉族，副教授，2008 年毕业于郑州大学，社会学专业硕士研究生。现在郑州升达经贸管理学院任教，主要讲授人力资源管理、绩效管理、薪酬管理等课程，先后发表论文 12 篇，主持、参与省级课题 5 项，主持厅级课题 12 项，出版专著 1 部。

王军旗 男，汉族，讲师，2014 年毕业于中原工学院，工商管理专业硕士研究生。先后在郑州财经学院、郑州升达经贸管理学院任教，主要讲授管理学、人力资源管理和绩效管理等课程，先后发表论文 12 篇，主持、参与省级、厅级课题 20 多项，参编教材 3 部，出版专著 1 部。

蒋杨鸽 女，汉族，讲师，2017 年毕业于东北师范大学，行政管理专业硕士研究生。现在郑州升达经贸管理学院任教，主要讲授人力资源管理、绩效管理、社会保障等课程，先后发表论文 4 篇，参与省级课题 2 项，厅级课题 8 余项。

前　言

　　加强对人力资源管理模式的研究和创新，有助于提高企业核心竞争力，本书从多维视角出发，立足于人力资源管理、工作分析与工作设计、人力资源招聘、人力资源培训与开发、绩效管理、薪酬管理、员工关系管理、企业的核心人才与企业文化管理这几个方面，对人力资源管理相关的概念、内容、方法和管理机制展开介绍，最后对多维视角下人力资源管理模式发展与创新进行详细论述。

　　本书第一章为多维视角下的人力资源管理，主要介绍了人力资源的基础认知、人力资源管理的基础认知、多维视角下人力资源管理的内容体系、多维视角下人力资源管理的发展趋势。

　　第二章为多维视角下工作分析与工作设计，主要介绍了工作分析的内涵、多维视角下的工作分析、工作设计的基础认知和多维视角下的工作设计。

　　第三章为多维视角下人力资源招聘，主要分析了人力资源招聘、人力资源招聘过程管理、招聘渠道的类别及其选择、多维视角下应征者的求职过程、员工招聘与筛选的方法。

　　第四章为多维视角下人力资源培训与开发，主要内容为培训与开发概述、培训与开发需求分析、多维视角下培训与开发的计划与实施、培训与开发的方法、培训与开发的效果评估。

　　第五章为多维视角下绩效管理，主要论述了绩效管理的基础认知、绩效管理的流程、绩效考核的方法、绩效考核的沟通与改进、多维视角下探讨创新绩效指标评价体系。

　　第六章为多维视角下薪酬管理，讲述了薪酬管理的基础认知、薪酬体系设计、多维视角下激励薪酬和福利。

　　第七章为多维视角下员工关系管理，内容为劳动关系的基础认知、劳动合同的简要概述、员工关系管理、多维视角下和谐劳动关系建立的路径与机制。

第八章为多维视角下企业的核心人才与企业文化管理，分析了企业的核心人才管理、积极构建企业文化、企业文化与人力资源管理的重要关系，以及多维视角下企业文化提升竞争优势的机理。

第九章为多维视角下资源管理模式的发展与创新，分别论述了人力资源与传统人事管理的比较、人力资源在网络经济中的作用与影响、网络经济对人力资源开发与管理的影响。

在撰写本书的过程中，作者得到了许多专家学者的帮助与指导，参考了大量的学术文献，在此表示真挚的感谢。本书内容丰富新颖、系统全面，论述深入浅出、条理清晰，但由于作者水平有限，书中难免会有疏漏之处，希望广大同行及时指正。

作　者

2022 年 4 月

目录

第一章 多维视角下的人力资源管理

人力资源不仅决定着财富的形成，还是推动经济发展的主要力量。本章立足于人力资源管理多维视角，主要介绍人力资源的基础认知、人力资源管理的基础认知、多维视角下人力资源管理的内容体系和多维视角下人力资源管理的发展趋势。

第一节 人力资源的基础认知

一、人力资源的含义

（一）资源

按照逻辑从属关系，人力资源属于资源这一大的范畴，是资源的一种具体形式。因此，在解释人力资源的含义之前，有必要先对资源进行简要的说明。《辞海》把资源解释为"生产资料或生活资料等的来源"。资源是人类赖以生存的物质基础，从不同的角度有不同的解释。从经济学的角度来看，资源是指能给人们带来新的使用价值和价值的客观存在物，泛指社会财富的源泉。自人类出现以来，财富来源无外乎两类：一类是来自自然界的物质，可以称之为自然资源，如森林、矿藏、河流、草地等；另一类就是来自人类自身的知识和体力，可以称之为人力资源。在相当长的时期里，自然资源一直是财富形成的主要来源，但是随着科学技术的突飞猛进，人力资源对财富形成的贡献也越来越大，并逐渐占据了主导地位。从财富创造的角度来看，资源是指为了创造物质财富而投入生产过程的一切要素。法国经济学家萨伊认为，土地、劳动、资本是构成资源的三要素。马克思认为，生产要素包括劳动者、劳动资料和劳动对象，而劳动资料和劳动对象又构成了生产资料。因此，不论生产的社会形式如何，劳动者和生产资料始终是生产的要素。而著名经济学家熊彼特认为，除了土地、劳动、资本这三种要素之外，还应该加上企业家精神。随着社会的发展，信息技术的应用越来越广泛，作用也越来越大，现在很多经济学家认为生产要素中还应该再加上信息。目前，伴随着知识经济的兴起，知识在价值创造中的作用日益凸显，因此也有人认为应当把知识作为一种生产要素单独加以看待。

（二）人力资源

"人力资源"的概念最早是由"现代管理学之父"彼得·德鲁克提出并加以明确界定的，他在 1954 年出版的《管理的实践》一书中提到了"人力资源"。在书中他写到，人力资源与其他资源最大的不同就是其拥有"协调能力、融合能力、判断力和想象力"的素质，这些素质是其他资源都不拥有的。在现代商业管理中，其他部门的发展都可以利用各种资源，但是只有人力资源只能自我利用，也就是书中的"人对自己是否工作绝对拥有完全的自主权"的描述本质。随着"人力资源"的概念的提出，认识管理理论的研究开始加快，并且在实践上也取得了很大的进步，在现实的管理中，对后工业时代的员工管理已经不适用于传统的管理方式，这种现状也使得人事管理开始向着人力资源管理转变。从人事管理向人力资源管理的转变正是迎合了《管理的实践》一书中所提到的"传统的人事管理正在成为过去，一场新的以人力资源管理开发为主调的人事革命正在到来"。直到 20 世纪 60 年代之后，美国经济学家西奥多·舒尔茨和加里·贝克尔提出了现代人力资本理论，这个理论认为，只有具有劳动能力的人才能算是人力资本，这里的人既包含现实的劳动者，也包含具有潜在劳动力的劳动者，人力资源的资本体现在劳动者的数量和质量，这里的质量包含了知识、技能、经验、体质与健康等方面，这些资本都要通过投资才能形成。人力资本理论的提出促进了人力资源概念的传播，也让该概念更加深入人心。国家的发展离不开人力资源，人属于积累的资本，国家发展中自然资源的开发、推动社会、经济和政治的发展都离不开人，人是国家发展的主动力量。人力资源概念的发展使得研究这方面内容的人越来越多，从而使人力资源的含义有了多种解释，其定义可以根据研究角度的不同分为两类。

第一类的解释是从能力的角度，我们可以称之为人力资源的"能力观"，对这一类别的含义的认可在两种类型中占据主导地位，代表性的观点也可以细分为以下四点：

第一种观点认为，能够推动整个社会和经济发展的劳动者的能力就是人力资源，这种能力的包含范围是已经进入劳动的年龄，已经直接开始劳动和那些没有开始劳动的人的能力。

第二种观点认为，人力资源是能够提供产品和服务、创造价值、实现相关目标并且以人为载体的脑力和体力的综合资源，这个资源最终要被国家、经济部门或者组织开发和利用。

第三种观点认为，人力资源是一种包含在人体内的生产能力，这种能力只能在劳动者身上体现，最终是以劳动者的数量和质量来进行衡量。人力资源对经济起到了生产性的作用，在企业经营中属于最活跃、最积极的生产要素。

第四种观点认为，人力资源是指劳动过程中可以直接投入的体力、智力、心力的总和及其形成的基础素质，包括知识、技能、经验、品性与态度等身心素质。

第二类的解释是从人的角度来说的，我们称之为人力资源的"人员观"，可以从以下三点进行解释：

第一种观点认为，人力资源指的是一定社会区域内所有具有劳动能力的适龄劳动人口和超过劳动年龄的人口的总和。

第二种观点认为，人力资源只是单纯地包括企业内部成员和外部顾客的人员，这些人员的特点就是可以为企业直接提供各种服务，无论是直接提供还是潜在提供，这些服务可以帮助企业实现预期经营效益。

第三种观点认为，人力资源就是对能够推动社会和经济发展的具有智力和体力劳动能力的人员的总称。

根据以上对人力资源解释的观点，我们可以总结出，人力资源就是指那些体能、技能、智能健全，能够以各种有益于社会的脑力劳动和体力劳动创造财富，从而推动经济社会发展的人的总和。

二、人力资源与相关概念

（一）人力资源和人口资源、人才资源

人口资源指的是一个国家和地区拥有的人口总量。一个国家最基本的资源就是人口资源，人口资源能衍生出各种人力资源和人才资源，人口资源的主要表现就是人口数量。

人才资源相对人口资源范围更加小，就只是单纯地包括一个国家中那些具有科学知识、劳动技能的人，当然这不只包括拥有较多较强技能的人，同时也包括在价值创造过程中起关键作用的人。人才资源属于优质的人力资源。

人力资源、人口资源和人才资源的本质是不同的，人口资源和人才资源的本质是人，人力资源的本质与人口资源和人才资源不同，其本质是智力和体力，所以这三者不存在可比性。人口资源和人才资源关注的重点也是不相同的，人口资源偏向数量，人才资源偏向质量。

人口资源在这三种资源中是数量最多的，人力资源形成的数量基础就是人口资源，在人口资源中，那些具备一定的智力资本和体能资本的人属于人力资源，人力资源中质量较高的一部分资源就是人才资源，具有特殊性，数量也是最少的。

人才资源的数量不仅是最小的，在比例上也属于最小的，人才资源来自人力资源，人力资源又来源于人口资源。

（二）人力资源和人力资本

人们很容易将人力资源和人力资本相混淆，甚至出现了通用的错误做法，人力资源和人力资本是有区别的。

1. 资本和人力资本

"资本"是什么？我们一般有三种解释，第一种认为资本就是掌握在资本家手中的生产资料和用来雇佣工人的货币；第二种认为资本是经营工商业的本钱；第三种认为资本就是资本家谋取利益的凭借物。马克思的观点则认为，一切能够带来剩余价值的价值都属于资本。

人力资源是由西奥多·舒尔茨提出来的，他被称为"人力资本"之父，他认为，劳动者都具有两种能力，这两种能力的获得渠道是不同的，一种是先天遗传

的，个人的基因是决定因素；另一种是后天获得的，经过后天努力学成的。人力资本体现在具有劳动能力的人身上，并且人力资本都是通过劳动者的数量和质量来表示的，但是这种资本必须通过投资才可以获得。

2. 人力资源和人力资本的关系

人力资源和人力资本之间是有联系的，同时两者也有一定的区别。两者之间的联系有两点：首先，这两种概念都是以人为基础产生的，研究的对象也是一样的，就是人所具有的脑力和体力。其次，人力资源的理论来源基本上都是人力资本理论，在人力资源理论中，人力资本理论属于重点和基础的内容，人力资源经济活动和收益的核算的基础也是人力资本。人力资源和人力资本理论产生的源头，就是在人们研究人力作为生产要素在经济增长和经济发展中的重要作用的时候产生的。

人力资源和人力资本的区别主要有以下三点：

首先，人力资源和人力资本在和社会财富与社会价值的关系上产生了区别。人力资本只有经过投资才能形成，因此更加强调通过某种代价才能获得的能力和技能的价值，当然资本的投资都是为了利益的驱逐，只有当人力资本促使生产力提高最终所获取的比投资更大的利益回收才会进行投资。劳动者将自己的脑力和体力投入到生产过程中进行价值的创造，这种投入是为了获取一定的劳动报酬和经济利益，与社会价值的关系是由因及果的关系。人力资源的不同之处在于，劳动者拥有的脑力和体力对价值的创造起了重要的贡献作用。它强调人力作为生产要素在生产过程中的生产、创造能力，这种能力可以为社会价值做出贡献，包括创造产品、财富，最终推动经济的发展。人力资源和社会价值的关系就是由果溯因的关系。

其次，人力资本和人力资源研究问题的角度和关注点是不同的。人力资本的形成原因是投资，人力通过投资才形成的资本，可以说是人的脑力和体力的物质资本在人身上的价值凝结，研究的角度放在了成本收益上，研究的重点是人在经济增长中的作用。人力资本更加看重投资所付出的代价和回收的收益，多少投资成本带来多少价值，也就是价值增值的速度和幅度，更加关注收益问题。人力资源并没有将关注点放在资本的收益上，人力资源本身就将人当作财富的来源看待，研究的角度是投入产出，研究的重点是人对经济发展的作用，因此关注的重点是产出问题，主要的研究目的就是看人力资源对经济发展的贡献度。

最后，人力资源和人力资本的计量形式不同。资源属于存量概念，资本与之相比既有存量概念，也有流量概念，放在人力资源和人力资本上也有同样的特征。人力资源是指在一定时间、一定空间内，人所具有的对价值创造起贡献作用并且能够被组织所利用的体力和脑力的总和。人力资本可以从两个角度解释，一种是从生产活动角度来说，人力资本与流量核算关系密切，人力资本可以表现为经验的不断积累、技能的不断增进、产出量的不断变化和体能的不断损耗；另一种可以从投资活动的角度来说，人力资本又与流量核算相联系，可以表现为投入教育培训、迁移和健康等资本在人身上的凝结。

三、人力资源的特点

（一）主观能动性

主观能动性是指人力资源体力和智力的融合不仅具有主动性，而且还具有不断拓展的潜力。首先，主观能动性既表明人具有意识，知道活动的目的，因此可以有效地对自身活动做出选择，也表明人在各种活动中处于主体地位，可以支配其他一切资源。其次，人力资源的主观能动性还表明它具有自我开发性。在生产过程中，人一方面要发生自身损耗，另一方面则通过自身的合理行为，使自身的损耗得到弥补、更新和发展，其他资源则没有这种特性。最后，人力资源在各种活动中是可以被激励的，也就是说可以通过提高人的劳动能力和劳动动机来提高劳动效率，从而充分发挥人的主观能动性。

（二）时效性

人力资源的时效性是指人力资源要在一定的时间段内开发，超过这一时期，可能就会荒废和退化。人具有生产劳动的能力，但是随着年龄的增长和环境的变化，这种能力也会随之发生变化。人在每个年龄段的工作能力都会有所差异，不及时使用和开发就会失去当前年龄段其固有的作用和能力。人的生命是有限的，劳动技能会发生衰退，智力、知识和思维也会发生转变。

（三）增值性

人力资源本身是具有增值性的。我们知道，自然资源只会越用越少，并且随着消耗其本身的价值只会"贬值"，不会增值，人力资源则正好相反，人力资源本身就是人脑力和体力的总和，人力资源不会贬值可以通过单个的劳动力来解释，一个人的体力和脑力不会因为使用而消失，体力可以通过食物补充上来，脑力只会随着使用越来越灵活，能力越来越强，但是这种增强也是有一定限度的。人们的知识、经验和技能等不会因为不断地使用而消失，只会因为不断地使用增加价值。在一定的范围内，人力资源是不断增值的，能够创造出越来越多的价值。

（四）两重性

人力资源既是投资的结果，又能创造财富，具有既是生产者又是消费者的两重性。对人力资源投资的程度决定了人力资源的质量。研究表明，对人力资源的投资无论是对社会还是对个人所带来的收益要远远大于对其他资源的投资所产生的收益。

（五）社会性

自然资源具有完全的自然属性，不会因为所处的时代、社会不同而有所变化，比如，古代的黄金和现代的黄金是一样的，中国的黄金和南非的黄金也没有什么本质的区别。人力资源则不同，人所具有的体力和脑力明显受到时代和社会因素的影响，从而具有社会属性。

第二节 人力资源管理的基础认知

一、人力资源管理的概念

人力资源管理的概念可以从宏观和微观两个层次来解释。从宏观上说，人力资源管理就是一个国家或者地区通过制定一系列的政策、法律制度和行政法规，并根据发展的情况采取一定的措施来促进人力资源的发展，开发利用各种条件来促进人力资源的形成，协调好人力资源的利用，使之能够和社会发展相协调。如我国的计划生育和人口的规划管理、教育规划管理、职业定向指导、职业技术培训、人力资源的宏观就业与调配、劳动与社会保障等就是我国进行宏观人力资源管理的具体体现。微观人力资源管理是指一个组织对其所拥有的人力资源进行开发和利用的管理。本书所研究的是微观人力资源管理。

目前，人们在理解人力资源管理概念的过程中，似乎陷入了一种两难的境地。一方面，人们想把人力资源管理与传统的人事管理相区别，否则不足以让人接受；另一方面，却又看不出人力资源管理的学科体系与传统人事管理的学科体系有多大区别，以至于有人说人力资源管理就是传统的人事管理，二者是一回事。

一般来说，相对于传统的人事管理，现代人力资源管理更具有时代性和科学性。人力资源管理是指通过招聘、选择、考评和薪酬等管理形式对组织内外相关人力资源进行有效运用，满足组织当前及未来发展的需要，保证组织目标的实现和组织成员发展的最大化，这种概念的基础思想就是人本思想。人力资源管理和传统的人事管理相比，除了表面名词的转变，其性质也发生了变化。现代人力资源根据组织的战略目标制定人力资源规划与战略，人力资源管理部门直接参与企业的战略决策，因此明显更加具有战略性、整体性和未来性，现代人力资源管理被看作是从一种单纯的行政事务性管理活动的框架中脱离出来的。

二、人力资源管理的功能

尽管人力资源管理的功能和职能在形式上可能有些相似，但两者在本质上是不同的。人力资源管理的功能指人力资源管理自身应该具备或者发挥的作用，而按照前面对管理职能的解释，人力资源管理的职能则是指它所要承担或履行的一系列活动，通过人力资源管理的职能实现其功能。那么人力资源的功能是什么？其本质就是人力资源管理本身所具备的作用。这个作用具有独立性，和其他事物没有太大关系，属于人力资源管理的特有属性。人力资源管理功能主要有四点体现：吸纳、维持、开发、激励。

吸纳，是吸引一些优秀的人才加入企业；维持，是保持现有的企业员工数量，减少离职现象；开发，是通过各种措施让员工能够拥有完成各种工作的技能；激励，鼓励员工创造优良工作产出高绩效。

上述四个功能之间相互联系。其中，吸纳功能是四个功能的基础，其他一切功能的实现都是要靠吸纳功能所产生的条件才能进行，如果没有吸纳功能，企业招揽不到人才，也就无所谓企业的运转，其他功能自然也就不存在；激励功能是四个功能的核心，其他的功能都是为了激励功能，因为当企业及时将员工吸纳进来后，即使员工创造出优秀的绩效，但是却没有激励员工的政策，员工的个人需求得不到满足，自然也就留不住员工；开发功能是手段，只有在员工拥有工作的技能之后才能实现激励功能；维持功能是保障，只有将员工留在企业中才能实现开发和激励，企业具备这四项功能才能实现良性运转。

在企业的实践过程中，人力资源管理的这四项功能通常被概括为"选、育、用、留"四个字。"选"就相当于吸纳功能，要为企业挑选出合格的人力资源；"育"就相当于开发功能，要不断地培育员工，使其工作能力不断提高；"用"就相当于激励功能，要最大限度地鞭策已有的人力资源，为企业的价值创造做出贡献；"留"就相当于维持功能，要采用各种办法将优秀的人力资源留在企业中。

三、人力资源管理的目标

人力资源管理的目标就是指通过对人力资源的管理，能够更好地履行其职责，并通过管理达到应有的绩效水平。人力资源管理不能仅仅从企业的角度出发，应该在实现组织目标的同时实现员工的个人发展，让员工能够全面发展。人力资源管理的目标包含了两部分，一部分是所有的管理人员在人力资源管理方面的目标任务，另一部分就是专职的人力资源管理部门的目标任务。具体来说，这些目标任务主要有以下几个方面：

（1）获取并保持适合组织发展的人力资源。企业中最重要的资源就是人才。如今的商业竞争越来越激烈，竞争的因素包括成本、质量、价格、技术等各个方面，但归根结底就是人才的竞争，只要企业拥有十分优秀的、忠诚的、更加有主动性和创造性的人才，企业在竞争中也就成功了一大半，人才是构建企业差异竞争战略的宝贵因素。人才资源之所以如此宝贵，还有一个原因就是本身属于稀缺资源，人类社会各方面都需要人才的竞争才能进步。

（2）人力资源管理工作的首要目标就是为组织获取符合其发展需要的数量和质量的劳动力和各种专业技术人员，这是开展其他工作的基础。为此很多企业在引进人才方面都不惜重金，投入巨大。

（3）保持人力资源队伍的稳定性是人力资源管理的又一重要目标。近些年来，企业的人才流失率节节攀升。人才的流失不但会影响企业的正常运转，还会增加开支，降低工作效率。保持人才最主要的是提高他们的工资和福利，提供安全且舒适的工作环境和未来充足的发展空间，同时要加强对员工的关怀及情感上的联系，培养企业归属感。

（4）提高组织效率和经营绩效，不断获取新的竞争优势。组织效率的提高和员工的效率有着直接的联系，另外，企业整体的经营绩效也和员工息息相关。通过提升员工的技能，并且规范员工的行为，不断激励员工创新生产提高绩效，员工的绩效提升也就促进了组织和经营的效益提升，这也是人力资源管理的目标。

（5）塑造良好的企业形象。企业的各种标识和行为的认知能够让人们建立起对企业的总体印象。作为一种企业精神文化的外在表现形式，企业形象是社会公众在与企业接触交往过程中所感受到的总体印象。人们通过人体的感官传递获得这种企业的印象。良好的企业形象是企业壮大的社会基础。

（6）培育和创造优秀的组织文化。组织文化由其价值观、信念、仪式、标识、行为准则等组成。企业员工受组织文化的影响，同时也能反作用于组织文化。例如，高层管理人员的综合素质、行为举止要与组织文化保持相对一致，这样才能使文化得以传播与发展；否则，组织文化会在高层管理人员的影响下慢慢发生变化，并演变成新的组织文化类型。全体员工认可组织文化本身的精髓，文化才能发展，否则，组织文化可能会发生变化，要么员工改变了文化，要么组织文化导致人员流失、运营艰难、企业倒闭。因此，优秀的组织文化对员工产生的是积极向上的正面影响，有利于企业的长久发展；而不合理的组织文化对组织产生的是负面影响，有时甚至是致命的影响。

四、人力资源管理的意义

（一）有利于组织生产经营活动的顺利进行

组织中人与人、人与事、人与组织的配合与效率，直接影响组织生产经营活动的顺利进行，所以，经过人力资源管理，将人力资源进行合理配置，协调好人力资源和其他资源之间的关系，形成时间和空间上的最优配置，这样才能有利于组织生产经营活动的顺利进行。

（二）有利于调动组织员工的积极性，提高劳动生产率

经过相关的研究表明，如果一个按照时间来计算酬劳的职工每天只将自己20%～30%的能力发挥出来，就能保证自己跟上企业的进度，不被辞退，但是这个职工的潜力如果通过调动，增加其积极性和创造性，那么这个职工就能将自己的潜力增加到80%～90%。人力资源管理的一个重要任务就是让员工能够有一个良好的工作环境，员工能够在这个环境中全身心地投入工作，将每个人的专长发挥出来。企业针对员工的贡献能够用正确的方法和态度去评价，根据员工的贡献度和工作需求进行对员工的奖励，解决员工的后顾之忧，使其能够全身心投入工作，乐于工作并且忠于工作，将自己的能力和智慧发挥到最大限度，提高企业的整体生产效率。

（三）有利于开发人力资源，树立组织长期的竞争优势

组织人力资源管理的一个主要任务就是对企业员工的培训与开发。通过对员工的培训，不断提高员工的素质，一线员工能够有效地掌握和运用现代化技术和手段，生产出一流的产品；管理人员能够掌握现代化的管理理论与方法，提高企业管理的能力与水平，从而树立起组织长期竞争的优势，促进组织的发展。

（四）有利于减少劳动消耗，提高组织经济效益

组织经济效益是指组织在生产经营活动中的所得和支出之间的比例关系。减少劳动消耗的过程，就是提高经济效益的过程。因此，通过科学的人力资源管理，合理配置人力资源，可以促使组织以最小的劳动消耗，取得最大的经济效益。

第三节　多维视角下人力资源管理的内容体系

人力资源管理必然要制定相关的人力资源政策和管理活动。人力资源的管理活动包含了各个方面，例如人力资源的战略制定、员工的招募与选拔、员工的培训与开发、绩效管理、薪酬管理、员工关系管理等。企业运用现代管理方法对人力资源的获取、开发、保留和使用等方面进行计划、组织、指挥、调控等一系列活动，达到企业的发展目标。人力资源管理的基本内容包含了多方面的内容，归纳起来，主要为以下几点：

一、人力资源战略与规划

企业的人力资源不仅包含近期的短期规划，还应该有中长期的目标和计划，并根据发展的需要制定相应的政策措施，要对企业做中长期的规划，首先就要对人力资源的现状有全面的了解，进行科学的分析，然后根据现在的数据和企业发展的目标和需要以及市场的发展状况进行未来人员工序的预测和平衡，能够让企业在满足自己发展需要的同时获得保质保量的人力资源。

二、工作分析与设计

要对企业所有的工作岗位进行整合调查，包括岗位的性质、结构、流程和责任等属性。另外，该岗位需要什么样的员工素质、知识和技能等都要了解。在充分了解每个岗位的基础上，将岗位的说明书和岗位规范等人事管理方面的内容进行整理，并组织编写，形成人事管理文件。人力资源在进行所有的工作之前都要先进行工作分析，这样才能利用所得的信息更加清楚和高效地规划和协调人力资源活动。

三、员工招聘与录用

企业依据人力资源的规划和工作分析的要求，将需要的人才选拔招聘上来后，有责任将人员安排到合适的岗位上。并跟踪员工试用期工作情况，及时做出岗位调整和吸纳培养。

四、员工培训与开发

企业将员工招聘上来，还需要人力资源部门对员工进行个人能力、企业文化、工作态度等培训，这样员工的潜力才能被开发出来，人力资源管理也就在完成自己目标的同时，促进企业的组织绩效提升。

五、绩效管理

人力资源管理承担着对企业员工绩效考评的责任，要考察员工在一定的时间内对企业的贡献度，综合员工的绩效考评，并针对考核的结果进行反馈，让企业和员工都了解员工的绩效情况，鞭策员工提高自己的工作效率，并且这些绩效考核和评价也可以为员工培训和晋升、提薪等决策提供依据。

六、薪酬管理

薪酬管理主要是针对员工薪酬方面的设计和管理，员工的薪酬结构包括基本工资、绩效薪酬、奖金、津贴和福利等，薪酬管理能够激励员工为了更高的待遇而努力工作。

七、劳动关系管理

企业和员工的劳动关系与员工能不能高效工作之间的关系密切，企业要重视文化建设，搞好企业和员工的劳动关系，为员工打造一个和谐、适宜工作的环境，从而保障企业经营活动的正常进行。

八、国际人力资源管理

21世纪的企业将面向全球化的经营与竞争，要获得竞争优势，企业的人力资源管理工作也必须直面全球化，即在跨国经营环境下，掌握解决跨国文化下企业的人力资源管理问题的方法，掌控影响国际人力资源的环境因素及国际企业人力资源开发与管理的过程。

九、人力资源研究

企业要实现战略目标，管理者必须重视对人力资源管理工作的研究，即通过对企业人力资源管理者诸环节的运行、实施的实际状况、制度建设和管理效果进行调查评估，分析企业人力资源管理工作的性质、特点，查找存在的问题，提出合理化的改革方案，使员工的积极性和创造性被充分调动起来。

第四节　多维视角下人力资源管理的发展趋势

一、人力资源管理的发展过程

人力资源管理的出现是社会生产力发展到一定阶段的现实要求。并且，人力资源管理本身也随着生产力的发展和员工素质的提高不断发生变化，在理念和模式上不断地进行调整，这样才能更加适应不断变化着的管理环境。人力资源管理的理论经过不断发展，已经十分成熟和完善，它的形成过程可以分为五个阶段。

（一）手工艺制作阶段

人力资源管理就是从这一阶段开始萌芽的，这一阶段的生产形式就是以手工作坊为主的。手工作坊的生产效率十分依赖工人的技能效率，因此，为了提高工场的生产效率，工场主会组织培训，提高工人的技能。一般采用由经验丰富的师傅带徒的形式，让每一个员工都能够参加一段时间的学习培训。这种管理也可以称为经验式管理，在这个时期，管理理论刚开始提出，没有形成系统化。

（二）科学管理阶段

科学管理阶段是随着欧洲工业革命的爆发而兴起的，这一阶段的大机器生产成为主流。工业革命的推动使得欧洲大量的农村人口失去土地，不得不涌入城市寻找生存机会，雇佣劳动生产开始发展起来，雇佣劳动部门形成。这一阶段的机械设备得到大力发展，机器生产也逐渐取代了很多人力生产，机器的使用使得工作效率得到极大提高，管理要考虑的问题变成了机器生产的效率问题。专业化水平的提高促使专职的部门需要对员工进行管理和培训，管理人员也就在这一过程中产生了，有关人力资源管理的研究开始得到发展。

"管理科学之父"弗雷德里克·泰勒在《科学管理原理》一书中阐述了观点，他认为效率为核心的劳动力管理应将管理的重点放在对员工的积极性和创造性的调动上，可以采取一些措施如培训、考核、物质刺激等方式，而不是将管理的重点放在消极防范和监督上面。

这个时期的人力资源管理的特点是把人视为"经济人"，把金钱作为衡量一切的标准，仅强调物质因素对员工积极性的影响。把人力资源管理的重点放在了雇佣关系上，这种关系是不平等的，工人只有被管理、被指挥和被动接受。在工作产出上，工作定额、工作方法和环境标准化是形成管理的主要方式，劳动成果可以按照科学的方法进行计算。管理部门根据员工的特点进行工作的分配，同时通过对员工的培训找到员工的特点。人力资源管理划分了管理职能和作业职能，出现了劳动人事管理部门。

（三）人际关系运动阶段

人际关系运动阶段的出现始于霍桑实验。在美国芝加哥有一家西方电气公司霍桑工厂，这家工厂在 1924 年至 1932 年将近十年的时间里开展了一项霍桑实验。最初实行这项实验的目的是弄清楚生产环境与劳动生产率有什么关系。当时的观点认为影响工人生产效率的是疲劳和单调感等因素，因此认为提高工作环境的照明度可以减少工人的疲劳感，提高生产效率，但在将照明度提高了两年多后发现，工厂环境的照明度无论是提高还是降低都会增加产量，这说明照明度对生产效率的影响不大。在 1927 年的时候，工厂请来了哈佛商学院的梅奥教授团队加入了该实验中，梅奥教授的团队认为福利待遇的变换与生产效率之间有一定的关系，通过增加员工的福利，再加上其他的一系列实验比如访谈实验、群体实验和态度实验等，在 20 世纪 30 年代初获得了实验的结果，认为生产率直接与员工士气有关，主管人员对员工的重视程度、非强制性的改善生产率的方法和工人参与变革的程度可以增加员工士气。

通过这一阶段的实验和研究，实验团队得出了相应的结论：人是"社会人"，不是"经济人"，人生活在复杂的社会系统中，不仅有最基础的物质需求，还有社会、心理等方面的需求。在管理形式中，企业中存在的组织有两种，一种是正式的组织，一种是非正式的组织，管理者不要忽略对非正式组织的管理。

（四）行为科学阶段

20世纪50年代，人际关系学说进一步发展，形成了行为科学理论。该项理论的研究对象是人的行为，行为科学是一项综合性的科学理论，包括心理学、社会学、社会心理学、人类学等。行为科学重点研究了个体心理和行为、群体心理和行为，将研究的方向放在了人的需要和动机上，这些内容都和人力资源管理有直接的关系，为今后人力资源管理的发展打下了理论基础。

（五）学习型组织阶段

学习型组织是什么组织？在这里，它是专门指那些可以持续不断学习、适应外界变化和变革能力的组织。在这个组织中，成员们可以学习新的思考方式，放弃原来陈旧落后的思考方式，真正理解组织的运转方式，共同构建一个所有人都同意的组织计划或者愿景，再共同去实现它。这个阶段的思想比较倾向于"以人为本"的管理理念。

二、人力资源管理面临的挑战

在科技和信息高度发达的知识经济时代，面对汹涌而来的新世纪大潮，企业面临前所未有的严峻挑战，人力资源管理只有适应不断发展的新形势，顺应历史潮流，才能在激烈的竞争中立于不败之地。因此，人力资源管理作为获取竞争优势的重要工具，也面临着前所未有的挑战。

（一）全球化的挑战

随着世界经济一体化步伐的加快，知识经济和信息经济时代到来，市场环境变化较快，只有那些思维敏捷、竞争力强的企业才能在风云变幻的市场中立于不败之地。而人力资源管理是企业管理的重要组成部分，同样面临着来自外部环境的各种挑战。人力资源管理在全球经济竞争的冲击下，加速了生产要素在全球范围内的流动，使国家之间的联系加强，彼此之间相互依存。不同国家的政治体制、法律法规和文化风俗等都对人力资源管理造成了一定的冲击。

（二）技术进步的挑战

面对激烈竞争的市场，组织必然要不断提高劳动生产率，提高产品质量，改善服务。技术的进步可以使企业更有竞争力，同时可以改变工作的性质。于是，新技术应运而生。网络技术的发展改变了人们的工作和生活方式，被广泛应用于人力资源管理的各个领域。这些新技术的出现，让人力资源管理面临新的挑战。挑战和机遇是并存的，这种新基础的冲击也让资源管理充满了生机与活力。组织只有将这些新的挑战和机遇重视起来，加以区分利用，才能提高自己的竞争力。

（三）组织结构变革的挑战

传统的层级化、组织化结构是以直线制为代表的纵向一体化模式，强调命令与控制，员工清楚自己的工作在整个组织中的作用和地位，晋升路线明显，组织中的报告关系清楚，有利于协调员工的工作以实现组织的目标。但是，公司越大就会造成越多的职能层级，过多的层级把不同阶层的雇员分割开来，造成诸如机构臃肿、官僚作风、效率低下等弊端。过多的层级划分会损害员工的积极性和创造性，决策过程的烦琐也会阻碍竞争优势的发挥。

当前的社会处于知识经济的时代，企业的组织结构已经不是传统的金字塔式的结构，而是更趋向扁平化、网络化和柔软化的结构。新的组织结构让员工的通用性和灵活性大大提高。可以根据员工的技能特点和专长等组成各种工作小组，小组负责的工作是一些特定的任务，不再受到垂直方向的管理，这样的结构形式使得中间的管理层由于失去信息沟通的意义而遭到精减，这样裁掉了冗余的管理队伍，也使得员工的晋升之路发生了变化，除了垂直的晋升路线，拥有更多的水平晋升。比如说员工之间因为工作任务产生了角色的互换。这样的形式转换无疑给人力资源管理带来了新的挑战，管理者需要重视战略的管理，人力资源的管理更加重要，要确保员工拥有足够的知识、技能和经验的优势，并且能够合理配置人员。今后企业将面临的主要问题就变成了组织结构的变革。

三、人力资源管理发展的新趋势

企业管理随着社会的发展，越来越重视"以人为本"的管理理念。人们也越来越认识到人力资源是企业中最重要的资源。这种观点也让人力资源管理成为现代企业发展中的核心技能，企业的发展和竞争不会单纯放在产品和服务上，也将更多的精力放在了对人力资源的管理上，这也是企业核心竞争力的关键。人力资源的管理随着经济全球化的发展面临着巨大的影响和挑战，如信息网络化的力量、知识与创新的力量、顾客的力量、投资者的力量，组织的速度与变革的力量等。新时代的人力资源管理的发展产生了新的趋势和特点，既有工业文明时代的深刻烙印，也反映了新经济时代游戏规则的基本要求。

（一）人力资源战略地位日益加强

人力资源管理作为企业管理的重要战略核心，自然是需要承担企业战略目标能否实现的主要责任。随着人力资源管理在企业管理中的重要性越发凸显，在组织上越来越得到重视，很多企业都成立了人力资源委员会，这样能更加专业地管理人力资源，也能让高层管理者关注到并且更多地参与人力资源的管理活动。人力资源管理是全体管理者的责任，不能单纯地依靠人力资源管理的职能部门。人力资源的各种管理事务和规则政策等都要有高层管理者的参与。

（二）以人为本，"能本管理"

工业时代，企业将人当作"经济人"的工具，因为当时的生产和管理模式采用这种管理方式是比较适合的，但是随着纸质经济和信息时代的到来，这种"经济人"的管理方式已经不太适用了，人力资源管理更加向着以"社会人""复杂人"为假设的人本管理方向发展。这种人本管理将"人"放在十分重要的地位，人的因素在企业管理中处于关键，"以人为本""人高于一切"的管理理念已经成为当今社会企业管理通用的理念，在不断的实践管理中形成一种新的管理思想，这种思想的核心就是将人的知识、智力、技能和实践创新能力放在中心位置，形成了"能本管理"。这种管理思想以能力为基础，也是人本管理发展的新阶段。"能本管理"的本质在于对人性的尊重，遵循人性发展的规律和特征，不断将人力开发出来，将人的能力发挥到最大，实现社会、组织和个人的目标。

（三）着眼于激活员工的创造性

一个企业要想发展，创新的能力是不可缺少的，创新也是企业能够生存和发展的决定因素。在当下的知识经济时代，创新型人才是企业发展竞争的主要力量。企业在人力资源管理方面就要将员工的活力激发出来，不断挖掘员工潜力，让员工能够明白企业的发展目标，赋予优秀员工处置的权利和决策的权利，优秀的员工可以依靠企业完善的薪酬晋升制度得到晋升和更加丰厚的薪资报酬，同时员工也都要服从企业的规章制度，受到约束管理。企业在利用员工的时候要给予他们足够的信任，这样才能让员工更加忠诚地为企业贡献自己的力量，释放人力资源的创造潜能，成为企业发展永远不会枯竭的动力。

（四）人力资本特性突出

人力资本和人力资源的区别在上文中已经介绍过，从中我们可以了解到人力资本是指企业员工的知识、技能和经验以及劳动熟练程度。在知识经济发展的时代，企业竞争的核心要素已经变成了知识和技术以及信息，这些要素是企业发展的关键，要想获得这些要素，就要将人力资源管理好，因为只有人才是创造知识和应用知识的主体，企业的关键资源也就是人力资本。人力资本只有转化为人才优势才能为企业所利用，人力资源管理的过程就是将人力资本转化为人才资源的过程。企业要为员工创造良好的工作环境，无论是物质、精神还是文化等方面的环境，这样才能让员工更好地发挥自己的知识和技能，学会自我管理，并在自己的岗位上完成具有创造性的工作，为完成企业的目标奋斗，既能实现企业的发展，又能获得自我的全面发展。人力资本的关键在于投资，投资自然就要求有一定的收益来与之匹配。

（五）人力资源管理全球化、信息化

全球经济化的发展使得各国之间的贸易往来增多，国家之间的竞争已经变化成各国之间人才、信息和科技等的竞争。国家竞争不断深化使得全球的资源重新配置，其中自然就包括了竞争的主要力量，也就是人力资源。当今的企业人力资

源的管理难度比过去提升了，在全球化的影响下，员工的培训、文化的冲突、跨文化的管理等这些都是企业需要解决的人力资源管理难题。知识经济的发展也渗透到了人力资源的管理中，信息和网络等知识经济的重要因素也要体现在人力资源管理中，呈现出鲜明的信息化和网络化。

人力资源管理的发展要紧跟时代的潮流才能在不断的创新中获得新生，而企业的发展就是要顺应人力资源管理的发展趋势，不断与时俱进，走出自己的创新发展之路，拥有自己的企业发展特色，并且根据企业的战略发展规划制定出合理的人力资源管理政策，才能确保企业的良好发展。

第二章　多维视角下工作分析与工作设计

工作分析与工作设计是人力资源管理的基础，是招聘、培训、绩效管理、薪酬管理和员工关系管理的前提。本章主要介绍了工作分析的内涵、多维视角下的工作分析、工作设计的基础认知和多维视角下的工作设计。

第一节　工作分析的内涵

一、工作分析的思想渊源

管理学中有一个名词叫"工作分析"，这个概念产生于20世纪初期，工作分析是科学管理四大原则中的第一原则。工作分析概念的产生源于社会的分工，这也是其思想和活动的基础。分工问题并不是在近代时期出现的，早在我国的春秋战国时期就已经出现有关分工问题的论述，最先提出这一问题的是管仲。在公元前7世纪的时候，管仲提出了四民分业定居论，也就是我们后世一直在沿用的士、农、工、商四大行业的划分，当时要求这四大行业要居住在固定的区域。荀况把分工称作"曲辨"，特别强调分工的整体功能。虽然，分工的思想在我国很早就已经提出，但是自给自足的小农经济生产模式与封建主义统治限制了其发展。工作分析的思想和活动产生的社会基础是社会分工的高度发展。

尽管中国很早提出社会分工的思想，但是商业经济没有得到应有的发展，当时社会分工水平低下，行业种类缺乏，限制了工作分析思想和活动在中国的发展。封建等级制度使中国的人才选拔制度获得了长足发展。隋唐时代分科考试的科举制度，也影响了西欧一些国家和美国。

古希腊也有对社会分工的探讨，代表人物是柏拉图和色诺芬。柏拉图在他的哲学对话著作《理想国》中就对社会分工进行了自己观点的理解阐述，书中要求工人做专门化分工，每个人应该做自己力所能及的工作，特定的工作自然要有特定的工人来做。社会分工能够促进社会生产效率的提高。色诺芬对社会分工的研究更加详细，既包括整个社会的分工，也包括单独的工厂分工。

工作分析的理论和实践在现代人力资源管理工作的影响下得到了大力发展。当前的人力资源管理目标将重点放在了开发上，企业人力资源管理的宗旨是能够让每一个员工都能在企业中得到全面充分的发展。通过实现岗位流动，使人获得全面的发展和能力的开发。传统人事管理的特点是以"事"为中心，只见"事"，不见"人"，"事"在管理中是静态的，管理"事"的目的是"控制人"，人员流动不在管理的范围内，人员的工作岗位定下来后基本上就不能变动。同样，工作分析也是保证人员自由、充分、全面发展的基础和前提。

二、工作分析的定义

工作分析是对组织中某个特定职务的设置目的、任务或职责、权力和隶属关系、工作条件和环境、任职资格等相关信息进行收集与分析，并对该职务的工作做出明确的规定，且确定完成该工作所需的行为、条件、人员的过程。工作分析的结果是形成工作说明书和工作规范。简单地说，工作分析就是要确定某一工作的任务和性质是什么，以及哪些类型的人（从技能和经验的角度来说）适合被雇用来从事这一工作。工作说明书主要指明了工作的内容是什么，工作规范则明确了雇用什么样的人来从事这一工作。工作分析是人力资源开发与管理中必不可少的环节，是人力资源开发与管理的基础，与人力资源的确保、开发、报酬、整合及调控等工作有密切的关系。

三、工作分析的主要内容

工作分析的内容主要有三方面：

第一，企业要对工作的岗位进行调查，获取岗位的信息和匹配岗位员工的信息，在对岗位基本了解的基础上，要对岗位存在的时间和空间范围进行科学的界定，然后针对岗位的活动内容进行系统的分析，这个分析的范围也十分复杂，包括岗位的名称、性质、任务、权责、工作对象、资料等一些和岗位相联系的要素等，要将这些要素比较分析，最后进行总结和概括。

第二，岗位的工作范围和内容得到界定之后，就要对匹配岗位的员工提出要求，比如知识水平、工作经验、心理品质等各个方面都要有一定的规范和要求，设定相应的招聘和管理条件。

第三，以上的分析结果要加以整理，依照企业管理标准和办法，将其表述出来，形成工作说明书或者工作规范之类的人事文件。

第二节　多维视角下的工作分析

一、多维的发展变化

（一）社会环境的变化

现代社会的每个角落、每个方面都在不断地发生着变化，可以说"正在发生的未来"就是当前世界的发展特征，现代社会具有不确定性、不可预测性、多边性和复杂性的特点。越来越多的国家将可持续发展和创造发展看作发展的目标，这就要求组织要不断地进行变革和适应变革，面对客户越来越多样化的需求，组织要有这种不断发展的服务能力，工作的创造性是这种不断变化的服务的关键。企业的职位职责和权限越来越多地展示出重叠性，模糊的工作边界和不确定的工作内容等问题将成为今后企业发展应该思考的重点。

（二）技术的发展变化

我们生活在不断变化着的社会中，移动互联网的发展更是加剧了社会的不确定性，让我们的生活方式不断发生变化。未来的发展中信息化和工业化的融合会不断加深，加上"互联网+"向"智能+"的演进，工作的形式必将迎来一场巨大的变革。以前我们的工作更多的是用"手"，未来的工作更多的是对"脑"的依赖，知识型员工是未来员工的发展方向，劳动过程变得更加难以观察，团队的协作将成为劳动的形式。

（三）价值观的演变

人们的行为和思想受到价值观的影响，随着全球经济一体化和信息技术的发展，人们越来越重视个体价值的实现。个体价值正在快速崛起，这样的思想对于企业的管理产生的影响也是巨大的。个体的自我意识增强，每个人都认为自己可以为企业贡献价值，员工更加看重工作的挑战性，组织的等级和层次遭到弱化，员工能够快速得到新技术的信息并学习等。这一系列的变化对工作的影响也是突出的，将来的岗位更多的是工作能够适应人，而非人适应工作，同样，工作也变得更加开放，需要多方面的协同合作才能完成，传统的基于分工与职能的组织设计将被淘汰，员工能够自主完成愈加丰富的工作内容，知识劳动者成为主力。

（四）经营环境的变化

组织的环境、战略以及技术决定了组织的绩效完成。面对竞争日趋激烈的现代社会，相关学者对组织管理的新属性进行了界定，包括平台属性、开放性、协同性和生态系统（价值网络）的构建。只有将个体的能力进行科学的释放，才能最终实现组织的目标。所以为了更好地激发员工的能力，要赋予员工一定的决策和执行的权力，这样员工才能更加积极的、没有后顾之忧的为完成目标而努力，如果所有事情只能等到高层管理者的批准才能进行某项工作，员工的积极性会下降。高层管理者在现代人力资源管理中的首要任务就是将员工的积极性调动起来，进行绩效评价，同时这种绩效评价的依据是团队或工作单元的成果。

二、多维的发展趋势

（一）工作描述

工作分析的结果就是工作描述，工作说明书也是由工作描述组成的。工作描述包括两方面的内容，分别是核心内容和选择性内容。职位的影响因素包括多方面的内容，未来工作的影响包括组织的内外环境、技术发展、价值观等，涵盖其变化的形式和方向，工作描述要求工作的灵活性、复杂性、团队导向和新技术等都要有所体现。

1. 灵活性、复杂性

未来的工作边界将会越来越模糊，工作的复杂程度也会越来越强，因此为了应对种种挑战，必须通过协调协作才能将工作完成，这样才能减少工作中推诿扯皮的问题。组织成员都必须具备通用的素质，才能应对扩大到工作单元和团队组织的工作，应对工作的灵活性和复杂性。

2. 团队导向

工作分析按照之前的思路进行就不能将人际关系的本质体现出来。人际关系无论是在现代的工作还是在未来的工作中都是非常重要的一环。人际关系的描述应该从两种角度分析，一种是人格特质，另一种是人际关系能力。由于未来的工作越来越灵活复杂，因此需要不同特质的人格来应对不同的工作，工作描述中注重人格特质是必然的，并且还要成为重点关注的一部分。未来的工作更多的是团队的协作，并不是个人的单打独斗，因此团队之内的人际关系也就成了影响合作效率的关键因素，在这种团队工作进行分析的时候，工作任务和人员之间的关系联结和团队的人际关系能力成为工作描述的重点。

3. 新技术应用

传统的工作中常用的描述方法是面谈法、观察法和写实法等，但是这些方法已经随着工作方式的转变变得不合时宜。人工智能的发展使得各种工作场景都能够融入人工智能的技术，人工智能技术能够模拟人的意识和思维方式，分析出什么样的工作任务需要员工具备什么样的能力。

（二）信息来源

在传统的工作场景中，工作的信息大部分来自这个岗位的员工，但是随着企业发展方式的转变和信息技术的发展，客户、专家、计算机等将会成为信息获取的主要来源。客户的需求是组织工作的基础，现代客户的需求呈现多样化和个性化的发展趋势，因此，为了满足客户的多样化需求，工作分析要将客户的需求作为重点，工作分析的主要来源也就变成了客户对产品、服务的需求信息。另外，工作分析也越来越向专业化和科学化发展，专家根据自己的经验和研究结果提供更为科学和专业的建议。大数据的发展和应用让我们会面对更为多种多样的信息，企业的 OA 办公系统、财务核算系统、人力资源管理系统等各类信息系统包含着海量信息，成为工作分析的重要信息来源。通过网络分析和可视化技术的结合，将这些海量信息进行筛选，提取真正有效的信息。

（三）信息收集的方法

信息收集的方法多种多样，最常用的包括面谈法、问卷调查法、观察法、工作日志法等。未来的企业核心竞争的关键在于知识型员工，知识型员工的工作更多的是思维性的活动，更多使用的是大脑而不是双手，劳动的过程基本上都是无形的，所以，也就越来越难以通过观察来获取信息。核心的、本质的信息并不能通过面谈法、观察法或者问卷调查获得，需要更加先进的技术才能收集到。因此，现在的大数据发展和人工智能的逐渐成熟也为先进的收集方法的出现打下基础，我们可以通过对大数据的挖掘、建立数据模型，以感知任务分析、网络分析、电子绩效监控、预测、模拟。可以采用增强型现实技术采集信息、分析信息，对信息按相关性分组和关联规则建立数据库，预设工作场景，对工作进行逻辑推理和运算，为工作分析提供动态数据。

（四）分析单位

时间动作研究采用动素作为最基本的分析单位。面对未来的工作，将会产生更加广泛的分析单位。个体的激活方式和个体创造最大价值的方式才是应该思考的问题。团队和角色就是将来工作分析的主要内容。未来的团队工作流程是将工作内容分配到整个团队上，当然团队的分工最终还是会落到个人头上，但是团队之间成员的协作和配合将成为工作完成的关键。团队就是一个分析单位。对团队进行分析，首先就要以团队为单位，明确团队的任务和目标，并进行工作分析；其次是分析角色，团队的成员各自担任什么样的角色，承担什么样的职责，成员之间如何协作、进行信息共享等都是工作分析的要点。《激活个体》中对组织和团队职责有所描述，今天的组织，更像是蜂巢，每一个成员都高度自治，自我承担职责，组织甚至不再能够界定核心员工。员工之间是相互联系的，并不是独立的个体，员工在高度自治的同时又能具备与其他成员合作的能力，最终创造出极高的团队价值。对团队的角色进行分析，明确每一位成员的责任和角色期望，可以有效提高团队的工作效率。

第三节　工作设计的基础认知

一、工作设计的内涵及其构成

工作设计需要明确工作内容和工作方法，在满足技术和组织要求的前提下，处理好个人与工作之间的关系。同时，为了达到组织目标而采取特别的处理方法，调节好工作者个人与工作内容、工作职能之间的关系，简单来说，工作设计就是对工作者的工作方式进行管理的同时解决工作中出现的问题。工作设计的构成因素以及各因素之间的关系如图 2-1 所示。

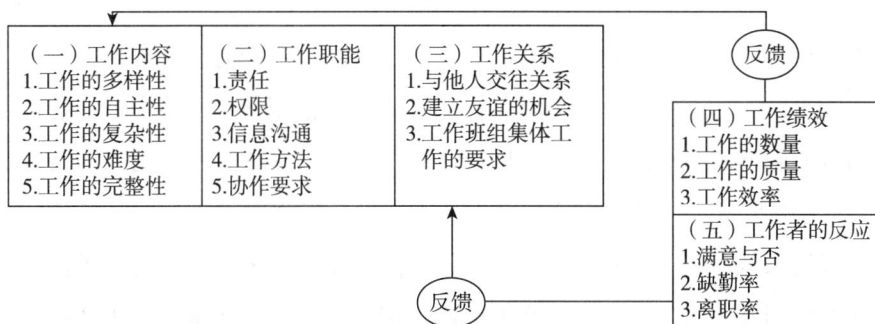

图 2-1　工作设计的构成与关系

二、工作设计中的原则

岗位是任务和责任的集合体，人和事进行有机结合的基本单元就是岗位。组织目标的实现和任务的完成情况直接受到岗位设置的影响，员工能力是否能够发挥出最大的价值也受到岗位设置的合理性的影响。

首先，岗位匹配要遵循系统的原则。组织机构属于一种独立的系统，在系统中，设置着各种岗位，组织正是由这些岗位组成，岗位各有不同，但岗位之间互有联系。岗位设置的依据是企业的目标和任务，所以，每个岗位都应该有自己的价值。岗位之间也应该相互协调，相互促进，形成互相连接、互相依赖等岗位关系网络，发挥出组织的最佳"整体效应"。

其次，岗位匹配要遵循能级原则。"能级"是指在组织中岗位功能的等级，这里的等级是岗位的能量等级。岗位功能的决定因素在于其工作性质、任务、难易程度和责任轻重等多方面。因此岗位的功能越大，岗位的等级也就越高，它的能级也就越高；岗位的功能越小，岗位的等级也就越低，能级也越低。岗位的设置是根据岗位的功能大小来决定的，每个岗位的设置都有其岗位功能的设定，能级位置相应形成，能级结构也随之形成，为之后的人力资源管理提供依据。

能级的划分如下：

（一）能力与岗位之间的匹配

在心理学上有一个最基础的定论：人是不同的。人的不同在于人的能力的差异。在企业设置不同的岗位时，岗位不同，其性质、难度、责任、条件等各方面也有差异，什么样的人员匹配什么样的岗位，工作者的能力、知识水平、技能、性格、心理素质等都会不同。在对人员和岗位进行匹配的时候，要根据每个人的能力和水平匹配相应的、适合的岗位，岗位决定的依据是人的能力；另外也可以根据岗位所需要的能级进行人员的匹配，根据岗位选择员工；在用人的时候要根据每个人的优势和特点进行调动，尽量不要用员工的短处来匹配工作任务，尽量做到"岗得其人，人乐其岗"，这样员工的工作效率才能提高。我们还要以发展的眼光看待问题，人是会成长改变的，同时岗位的能级结构也会发生变化，人的能力结构由于其发展性会不断变化，不同的人，能级提高的速度是不同的；新技术和工艺的发展也使得岗位出现了变化，提出了新要求，岗位也在时刻发生变化，技术的提高使得有些岗位面临淘汰，有的岗位会增加，在这种情况下岗位的能级也会发生变化，就需要建立起新的岗位匹配模式。由此可见，人与岗位的匹配是一种动态的、能动的发展过程。员工在变化发展中获得了职业生涯的发展机会，匹配到适合自己的岗位，发挥自己的积极性和创造性，最终既可以促进人的全面发展，又能促进企业效益的提高。

（二）人与人之间的匹配

人与人之间的关系有两种方向，如果两个人之间的关系十分和谐，能够相互协调促进，这种关系就可以看成是"互补"的关系，两者的效率加起来就会产生"1+1＞2"的效果，最终能够增值，但是如果两个人的能力和发展方向是相同的，或者是相悖的，两者的效率加起来就会产生"1＋1＜2"的效果，减少产值，产生内耗。一个团队的员工都是因为组织的目标形成一个团体，在这个团队内部，如果想要最终的产能增值，就要将成员的能级类型在岗位上安排互补型人才配置，这样员工之间可以更好地协调、合作，互帮互助、取长补短，获得群体能力合力的最大化效益。

（三）岗位与报酬之间的匹配

报酬属于一种对员工的激励手段，员工的工作表现和工作绩效决定自己所能得到的报酬。员工对报酬的态度绝不仅是放在了报酬绝对值的大小上，员工一般对报酬的比较更加敏感，这里的比较是对同一个岗位上的同事或者不同岗位上的同事的比较，通过比较获得被公平合理对待的心理，如果员工认为同岗位的员工和自己付出一样的价值但比自己获得的报酬多，那么就会产生不平衡的心理，在工作中容易出现问题。所以，企业一定要将岗位的能级结构明确下来，按照能级的大小来为岗位设置相应的报酬等级，同时也可以减少员工之间做比较的机会，尽量让不同岗位和能级等级的员工都能对自己的报酬满意，发挥报酬的激励作用。

三、工作设计的最高理念

现代企业管理的基本原则是以人为本，企业经营活动的基本出发点要放在尊重人、爱人、关心人上。企业的发展还要遵循"以能为本"的原则，这一原则的中心是人的能力，要将人的能力发挥到最大，这样才能用最大的价值推动企业的发展。随着社会主义市场经济的发展，企业加大了对人的知识、智力、技能和实践创新的能力管理，也就是"以能为本"，这也是企业顺应社会和经济发展的需要。虽然"以能为本"的来源是"以人为本"，但是"以能为本"要比"以人为本"更加先进。人之所以能够发展，是因为人有创造力，人就是因为对知识的需求和对自我成长的渴望才会不断创新，不断进步。生存环境的改变就是依靠人的创造能力，同时人依靠能力才能在社会上立足。能力也是人进行社会劳动、社会工作的基础，只有参与社会劳动才能得到他人的尊重，也找到了自己存在的价值。因此，企业的发展只有先"以能为本"，才能做到"以人为本"。在现代社会的商业竞争中，无论什么企业，最关键的资源就是人才资源，因为当前的竞争已经发展成为人才的竞争，人只有拥有了创新能力才能成为人才，这也是我国当前最需要的，只有将人才的能力充分发挥出来，不断地创造新的技术、新的理念才能让国家在国际竞争中处于优势地位。企业人力资源管理中，能岗有效匹配才能保证员工各尽其能，工作设计作为能岗匹配的基础方法，将人的能力放到重要位置上，从而激发出人的巨大潜能。

四、工作设计的方法

（一）工作扩大化

工作扩大化一般就是将员工的工作种类、职务范围等进行增加扩大，一个员工不仅需要担任一个职务，同时需要承担几项工作，或者说做一些内容不断循环的工作，这样员工就不会因为长期做一项工作产生厌烦的心理，增加了对工作的兴趣。其实就是提高工作的多样性，让员工在工作中一直保持热情。

（二）工作丰富化

工作丰富化的本质其实和扩大化有一定相似性，都是将员工的工作兴趣激发起来，但是工作丰富化是让员工能够参与到工作的计划和设计中去，增加其对工作的控制性，这样的结果是员工能得到工作信息的反馈，进而知道如何改进自己的工作，增强责任感和成就感。工作丰富化和扩大化的区别在于扩大化是对工作水平范围的扩大，扩大的工作也是在同类型的工作基础上，并不需要其他的工作能力和技术。工作丰富化的丰富是纵向的，扩大工作的垂直负荷，工作的复杂程度增加了，让员工对工作有更强的自主性，同时也意味着员工要负担更多的责任，并且对员工能力和技术的要求都有所提高。

（三）工作时间选择

工作时间的选择就是将工作周压缩，采用弹性工作制，或者居家办公的方式。因为工作设计是一种内在的激励方式，要求有很高的科学性和专业性，所以要有很高的管理水平，工作时间的设计就是其中重要的一环。

1. 压缩工作周

传统的工作周是指一周工作 5 天，每天工作 8 个小时，将工作周压缩就变成了一周工作 4 天，每天工作 10 个小时，这样看，虽然天数变少了一天，但其实工作的时长并没有变少，因为每天的工作时长增加了。这种方式并没有让员工自由选择工作时间，但是为员工工作时间的安排多提供了一种选择。

2. 弹性工作制

弹性工作制指在一周内总的工作时长是固定的，但是在这一周的时间内给了员工时间安排上的自由度，员工可以自己安排工作时间。工作时间由共同工作时间和弹性工作时间构成。共同工作时间一般是 5～6 个小时，剩下的是弹性工作时间。共同工作时间要求员工正常上班，弹性时间员工可以自由安排。

3. 居家办公

居家办公可以节省好多非工作时间的浪费，上下班的通勤时长没有了，同时员工也会减少因为通勤交通产生的压力，能够更加自由灵活地处理家庭事务。这种方法增加了员工对时间的支配自由度，工作能够在最有效率的情况下完成，员工的满意度也会因为工作的自由度增加，同时也有利于员工创造性的发挥。在家办公也有一定的缺陷，就是同事之间缺少了面对面交流的机会，缺少了正常的办公室交往。管理者也因为不能实时看到员工、了解员工的状态而减弱了对工作过程的控制，增加了管理的难度和风险。

第四节　多维视角下的工作设计

随着现代科学技术的发展，组织工作的各方面都发生了翻天覆地的变化，包括内容、时间、地点和方式等，随着社会环境和经济环境的不断变化，组织也不得不面临环境的不确定性和复杂性，这对于规范性工作描述的设计也增加了难度。另外，员工在解决了物质生存需求的同时，更加追求工作的价值感、意义感和满足感。所以，现代社会的工作和传统工作相比，承载了更多的物质和精神上的需求。从组织的角度来看，工作是实现组织目标的重要手段，是员工生存发展的重要方式，所以，组织的管理有两方面的要求，一个是对员工效率的管理，使得工作效率不断提高；另一个就是满足员工的需求。这两种需求的满足需要进行更多的研究和思考来解决。

一、组织视角下的工作设计

在组织中，工作设计经历了不同的阶段，最早是工作轮换，之后是工作扩大化，然后是工作丰富化，之后还会有更多的发展阶段，这所有的发展，其实质是为了能够完成组织设定的目标，同时也要满足员工个人的需求，需要在工作的内容、职能和关系上进行相关的设计。工作设计的技术就是统计组织和员工的需要，然后根据这些需要将岗位的任务、责任、权利和关系等进行设计规定，这个过程是一种自上而下的过程，组织目标和个人需求也有先后顺序，组织目标要优先于个人需求，因为只有在企业有了工作，管理者管理工作，才能谈到员工需求的满足。现代的工作设计的模型主要采用的都是由哈尔曼（Richard Hackman）和奥尔德姆（Grego Oldham）（1971）提出的工作特征模型（Job Characteristics Model，简称 JCM）。这一工作设计模型中，通过工作技能的多样性、重要性、完整性、自主性和反馈性来反映工作带给工作者的三种心理状态：感受工作的意义，感受工作的责任和了解工作的结果，给予员工内在的激励，这一切的依据就是工作动机、绩效水平、工作满足感、缺勤率和离职率。工作特征模型十分强调员工和岗位之间在心理上的相互作用，员工只有享受了良好的工作激励，才能更好地为岗位服务。当然，这一工作设计模型有优势，也有用一定的缺陷，需要加以改进。

二、员工视角下的工作设计

工作设计的理论和研究中有很多对员工主动性行为的研究，其中一个关键的概念——工作重塑是一项很重要的内容。什么是工作重塑？在研究领域不同专家给这个概念作出了不同的定义，一个是"员工在工作中对任务或人际关系做出的操作上和认知上的改变"，另一个是"员工为了平衡工作要求与工作资源，根据自身的能力与需求做出的行为改变"，这两个概念虽然角度不同，但是细究起来其本质却是一样的，可以总结为员工主动参与进行的一种工作设计，从员工的主动可以看出工作重塑是一种自下而上的工作设计。工作重塑首次从员工的视角进行个人对工作的审视，从员工角度看待工作的影响，谈如何适应工作、如何提高工作的效率等问题，员工拥有了自主对工作调整的权力和能力。工作重塑可以激发员工的积极性，使其获得满足感和意义感。

三、组织员工双向视角下的工作设计

组织运行最基本的条件就是进行严格的工作分析、拥有完善的规章制度、清晰的职责划分和严谨的工作说明书等，但是只有这些是完全不够的，因为现代的商业环境瞬息多变，还需要加入更多的因素，更加完善的工作才能确保组织正常运行，要对工作的意义、完整性、员工的物质和精神满足进行改善，与传统的组织运行方式不同，现代的组织更多的是没有边界的协作，很多企业会将业务外包出去，再加上很多企业将内部的部门分成一个个项目团队，用团队合作的方式进行业务的开展，并将流程资源进行重组，这样的方式与外界的联系更加密切，无论是纵向的还是横向的，其边界越发模糊，正在向"无边界"工作发展。组织全权掌握对工作的分析和设计已经不能适应环境的发展，要将员工的设计也加入进来，双方互补，从组织和员工的双视角进行工作设计是发展的趋势。

作者在 Richard Hackman 和 Grego Oldham 的工作特征模型基础上结合 Wrzesniewski 和 Dutton 的三维工作重塑模型来探讨双重视角下的工作设计，如图 2–2 所示。

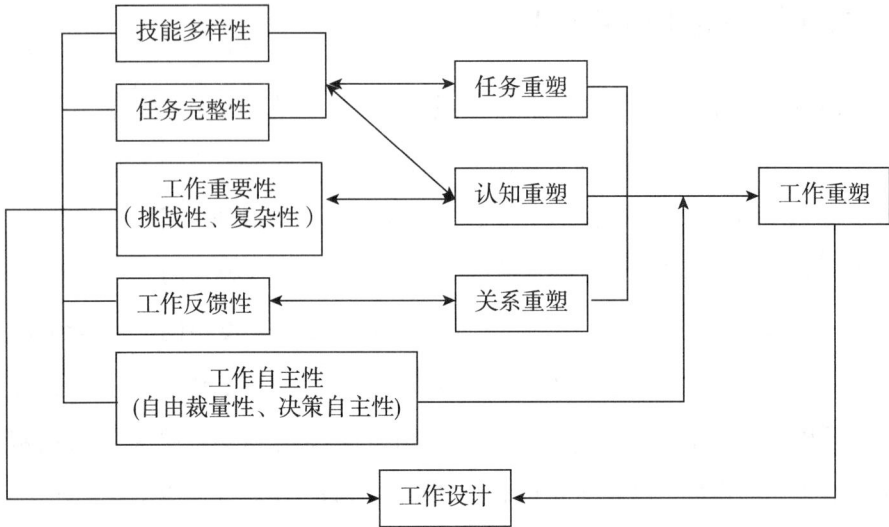

图 2-2　双重视角下的工作设计

组织视角的工作设计和员工视角的工作重塑有着密切的联系，这两者并不是独立的个体，两者之间能产生相互作用、相互促进和补充的关系。在三维工作重塑模型中，员工往往要有工作意义的需要、积极自我形象的需要以及与他人建立联系的需要三种动机才能进行工作重塑，另外，在动机到行为的过程中需要一定的调节效果才能正常运行，这个调节作用的变量有两个，分别是工作重塑的机会与个体职业的动机取向。工作重塑的三个动机十分关键，只有充分考虑这三个动机才能完善组织对工作进行再设计的效果。员工的工作重塑在工作特征模型中可以从不同的角度、不同的维度来审视，工作重塑对工作设计也能起到补充作用。

组织工作设计和员工工作重塑的结合有多重方面的意义，不仅能提升组织和员工在工作上的契合度，让员工和工作相互适应，还能让双方更好地完成目标。在工作设计的时候将员工的工作重塑加以考虑和融合，在员工进行工作重塑的时候也要在工作设计上考虑对组织不足的弥补，双方相互促进和融合。员工的工作重塑应该得到组织的鼓励和引导，这样员工和组织就会得到双赢。

第三章 多维视角下人力资源招聘

本章主要分析了人力资源招聘、人力资源招聘过程管理、招聘渠道的类别及其选择、多维视角下应征者的求职过程、员工招聘与甄选的方法。

第一节 人力资源招聘

一、人力资源招聘的含义

人力资源招聘是建立在两项工作基础之上的：一是工作分析，二是组织的人力资源规划。一方面，组织招聘职位的数量与类型，都是由人力资源进行规划确定的；另一方面，通过对工作进行分析，管理者能够了解在填补职位空缺的时候应当招聘怎样的人才。这两项工作使招聘能够建立在比较科学的基础之上。

人力资源招聘，其实就是我们通常讲的"招聘"，包括招募和聘用两部分。人力资源招聘指的是依照总体发展战略规划的指导，按照工作分析与人力资源规划的质量要求、数量要求，制订相应的职位空缺计划，同时发布相关招聘信息，对应聘人员进行科学甄选，最终获得对职位空缺进行填补的合格人员的过程。需要注意的是，在招募与聘用的过程中，还存在着一道程序，即"甄选"。

二、人力资源招聘的意义

（一）招聘是组织补充人力资源的基本途径

组织的人力资源状况并非一成不变，而是经常变化的，其变化主要由多种因素导致，如组织内部的人事变动，如离职、解雇、退休、降职、升迁等；组织内人力资源流向社会等。此外，组织也有自身的发展规划和发展目标，而其自身成长的过程，也正是扩张人力资源拥有量的过程。上述情况表明，组织的人力资源并非总是饱和的，反而是经常处于稀缺状态，需要进行补充。所以，对于组织来说，依靠市场对自身需要的人力资源进行获取，属于一项经常性任务。组织对人员进行补充的基本途径，就是人力资源招聘。

（二）招聘有助于创造组织的竞争优势

对于当今社会而言，市场竞争实际上是在对人才进行竞争。一个组织在激烈的市场竞争中所处的地位（是终将被市场淘汰，还是能够屹立不败），某种程度上取决于其拥有的人力资源。组织想要获取人才，就需要依靠"人才招聘"环节。所以，能否有效地完成招聘工作，深刻影响着组织竞争力的提升、组织发展目标的实现以及组织的绩效。立足这一层面，在组织对竞争优势进行创造的过程中，人力资源招聘可谓是基础环节。如果组织想要获取自身亟须的、紧缺的人才，从而实现发展目标，那么招聘的意义就更为重大且特殊。

（三）招聘有助于组织形象的传播

研究表明，应聘者对组织看法的好坏，往往受到招聘过程质量高低的影响。实践表明，人力资源不仅是对人才进行招募、吸引的过程，也是向外界宣传组织形象，提升组织知名度与影响力的窗口。通过招聘过程，应聘者能够对组织的组织文化、管理特色、经营理念、组织结构进行了解。虽然传播组织形象并非人力资源招聘的目的，然而从客观上看，人力资源招聘过程确实具有这一功能，这一点是不容忽视的。

（四）招聘有助于组织文化的建设

应聘者进入组织后的流动性，很大程度上取决于招聘过程是否传递了真实的信息。如果人力资源招聘是真实有效的，那么既能让组织获得自身所需要的人才，同时也能为组织留住人才。如果组织内人员流动非常频繁，势必会造成一定损失，而有效的招聘则能减少这种损失。有效招聘也有利于在组织内营造良好气氛，如对组织的凝聚力予以增强，对士气进行提升，让人力资源对组织的忠诚度得到增强等。

三、员工招聘的目标

（一）获得企业需要的人员

我们可以做一个这样的比喻，组织招聘新的员工，就像产品获得新的原料。原料质量的好坏，直接决定着产品品质的优劣；而员工素质的高低，也在很大程度上影响着企业的生产经营活动。如果企业没能将合适的员工招聘进来，那么不仅会在很大程度上浪费自身的资金投入、时间投入以及其他方面的投入，同时，也可能对企业员工士气产生很大影响。所以，在招聘时，要将目标明确为"获得企业所需要的人员"，从而对企业人员的素质进行保障，使人员的使用效率得到进一步提升，此外，还能创造条件，让企业员工的凝聚力、满意度得到提高。

（二）减少不必要的人员流动

企业除了要对人员进行招聘外，还要思考如何将人留住。现实中，那些能够在同一家公司长期工作的人，往往认可公司的价值观，能够在公司内找到可以充分发挥自己的能力、符合自己兴趣方向的岗位。因此，在人力资源招聘过程中，要以"减少不必要的人员流动"为目标，有效传递双方信息，同时准确评价应聘者。

（三）树立企业形象

人力资源的招聘过程，就是应聘者直接接触企业代表的过程。应聘者对企业进行评价，主要是依据如下内容：面试的程序、招聘过程中对企业的认知、负责招聘人员的能力等。在人力资源招聘过程中，要将"树立企业形象"作为目标，避免对企业形象造成损害，让应聘者失望，影响后续的招聘工作，而应努力将企业良好形象树立起来，让企业对更多的应聘者产生吸引力。

第二节　人力资源招聘过程管理

企业接触潜在员工的第一步就是"招聘"。人们对企业进行了解，通常也会从招聘环节开始，并且也会通过招聘环节决定是否加入该企业、为其服务。对于企业而言，唯有更好地管理招聘环节，有效地对其进行设计，才能真正获得高质量的员工。但是，如果高素质的员工不知道企业的人力需求信息，或者虽然知道但是对这一信息不感兴趣，或者虽然有些兴趣但是还没有达到有愿意来申请的力度，那么企业就没有机会选择这些有价值的员工。

对于企事业组织而言，招聘员工、选拔员工是最重要也是最困难的工作之一，特别是对高层管理人才的招聘和选拔。要想评估一个普通工人的价值，可能几天甚至几个小时就够了；但是如果要评判一个工段长的价值，有时需要几周甚至几个月的时间；要想评判一个大企业管理者的价值，也许要几年时间才能确切地评价。因此，在招聘和选拔高层管理人才方面，一定不能出现失误。

置身于当前知识经济发展背景下，人才资源在组织人力资源金字塔中位于最顶端，在企事业组织发展过程中，呈现出日益突出的重要地位。而在日常工作中，招聘、选拔人力资源则是获取人才的基础。

一、招聘过程的重要性

招聘可以分为三个步骤，第一步是对相关的组织人力资源供给的劳动力市场进行确定。第二步是以此为对象，开展征召活动。对组织的征召活动做出积极的事实反应的人就成为工作申请人。第三步是组织对申请人的挑选，由此选定予以录用的员工，那些持续在组织服务的员工就可以成为组织的长期雇员。

在整个招聘过程中，征召环节的地位是十分重要的。今天某位来企业应聘的员工，很可能会在日后成为企业的高级主管。从这一角度来说，实际上招聘工作对组织日后的成长、发展起到非常重要的决定作用。即便组织有着行之有效的员工保持计划以及员工选拔技术，可如果在征召环节上吸引的合格申请人未能达到足够数量，就无法真正发挥员工保持计划、员工选拔技术的作用。所以，我们必须牢记，员工保持政策、组织遴选技术、申请人的质量与数量，共同保障招聘能够达到相应成效。

二、招聘人的选择

在人力资源招聘过程中，工作申请人并非直接与组织接触，其接触的是组织的招聘组成员。在招聘活动中，工作申请人可能对组织较为陌生，未能了解其特征，因而往往会根据招聘组成员在组织活动中的表现，对组织各方面情况进行推断。所以，在人力资源管理决策中，非常关键的一项就是选择招聘人员。

通常来说，组织人力资源部门的代表即是招聘组成员。对申请人来说，组织的"窗口"就是招聘组，他们会通过招聘组成员的表现对组织进行判断，从而决定自己是否要加入组织，接受其提供的工作岗位。研究表明，工作申请人对组织的感受与评价，受到招聘人员的办事作风、知识水平以及个人风度等因素的影响。

三、招募过程管理与招聘周期

在人力资源招聘过程中，可能会发生工作失误，而这些失误也可能导致较为严重的后果，如对组织的声誉产生损害等。为尽可能地避免工作失误，在招聘过程中，应当遵循下列原则：

第一，必须根据规定的时间将工作申请人的个人简历、申请书向招聘部门递交，防止出现丢失问题。

第二，必须按时记录参与招聘活动的所有工作申请人的重要活动，如工作申请人来公司进行见面等。

第三，组织应当及时书面答复工作申请人的工作申请，防止给对方留下傲慢或工作不力等负面印象。

第四，在讨论就业条件时，应当依照公布的招聘规定进行，并应及时对相关讨论进行记录。因为如果在不同时间、不同部门，同一个工作申请人发现自己能得到的待遇有着非常大的差别，会导致混乱的发生。

第五，即便工作申请人没有接受组织的雇用，也应当在一段时间内对其相关资料进行保存。

很多因素都会影响企业招聘周期的长短。第一，工作岗位不同，填补空缺的时间也存在差异；第二，社会中有着不同发达程度的劳动力市场，因而组织的招聘周期也有所不同；第三，企业招聘周期也受到组织人力资源计划的影响。例如，在美国，平均来看，操作员工的招聘周期为1～2周，销售人员的招聘周期为4～

9 周，办公室文员的招聘周期为 2～7 周，主管和经理人员的招聘周期则为 6～8 周。

在通常情况下，组织中的岗位空缺的时间越长，表明组织将越难发现工作申请人，也表明组织招聘和选择过程效率较低。

第三节　招聘渠道的类别及选择

在预测过人力资源的供给与需求之后，企业就要从自身获取的信息出发，开展具体的招聘工作。应聘者所具有的素质以及应聘者的数量在很大程度上决定着招聘工作是成功还是失败。所以，征召工作应当把对更多目标群体进行有针对性的吸纳作为工作目标。

外部征召与内部征召是两种不同的征召候选人途径。如表 3-1 所示，这两种征召候选人途径有着各自的优势。因而在对其进行选择使用时，我们要立足当下所需的经营环境、上岗速度、招聘岗位以及企业的战略计划，进行综合考虑。例如，HP、IBM 等公司征召 CEO 时多采用外部征召途径，而数十年间，通用电气始终都通过内部征召途径对 CEO 进行选拔。所以，究竟是外部征召好，还是内部征召更胜一筹？这个问题并没有标准答案。

表 3-1　内部征召与外部征召的利弊

	内部征召	外部征召
优点	（1）对人才有着更全面的了解，征召准确性更高 （2）有利于鼓舞员工士气，使他们更具干劲，拼搏进取 （3）应聘者对工作能够更好、更快地适应 （4）对员工的一系列培训投资能够得到回报	（1）可选拔的人才范围更广，有着更大的选择余地，对于一流人才的招聘更有益处 （2）新员工能将新方法、新思想、新技术带来组织 （3）如果内部有着多名员工竞争，领导者难以进行抉择，选择外部征召途径能对内部竞争者的矛盾给予一定程度上的缓解 （4）外部征召能为组织带来现成人才，无须另外投入资金进行培训

续表

	内部征召	外部征召
缺点	（1）人才来源被限制在企业内部，所选拔出的人才水平受限 （2）内部征召可能会造成行为定式、思维定式 （3）内部征召可能存在不公平、不公正的操作问题，也可能让员工心理产生不平衡，从而导致内部矛盾	（1）外部征召来的人才对企业情况并不了解，无法较快地进入角色，一时也难以融入企业文化 （2）组织并不熟悉应聘者，有可能出现招聘失误、错误问题 （3）由于没有将机会给予内部员工，可能打击企业内部员工的主动性、积极性

一、内部征召的渠道和方法

重新召回或雇用以前的员工、岗位轮换、平级调动、晋升以及公开招聘，这些都是参与内部征召候选人的来源。重新召回或雇用以前的员工，是对那些在竞争中中暂时被淘汰的人以及由于种种原因（如经济不景气）被企业裁撤的人进行二次吸纳；岗位轮换、平级调动、晋升则仅仅面向企业内的部分员工，具有一定局限性；而公开招聘不同，凡是企业员工都可参与招聘活动。公告征召与职业生涯开发系统是内部征召的两种主要方法，下面我们分别对其进行简要阐述。

（一）公告征召

当企业内部职位存在空缺时，对全体员工进行通告并在全体员工中开展内部招聘，这便是"公告征召"。企业应当在公告中对必要的资格条件、工作日程、工资待遇以及工作职位的义务与责任进行详细描述，还应将与公告相关的信息对全体员工进行告知，如联系方式、测试内容、申请程序、申请截止日期以及公告日期等。凡是符合工作岗位要求资格的员工，都可以对该工作岗位进行申请，可以通过投标的方式对最合适的人选进行选择。对于企业员工来说，公告征召为他们带来平等竞争的机会，让他们看到了可把握的晋升机遇，这样他们就会更有激情、更有干劲，更加努力地对自身工作绩效进行提升。此外，通过公告征召，公司能在更广的候选人范围内进行选拔，从而保证企业内最合适的员工得到入职该工作岗位的机会，保证选拔有成效性。不过，我们也要意识到，公告征召也有其自身的局限性。例如，公告征召花费时间很长；可能导致企业内部稳定性被削弱，因为部分员工可能因为自身职业发展方向不明而在岗位之间"来回反复"。

（二）职业生涯开发系统

针对特定工作岗位，职业生涯开发系统将企业内最合适的候选人挑选出来，在职业生涯路径上对他们进行训练、培训。职业生涯开发系统的优势在于能够将企业的核心人才留在企业。对于企业来说，核心人才可谓是竞争力的来源，且具有不可替代性，因而职业生涯开发系统的优势不容忽视、非常重要。同时，在某个重要职位出现空缺时，职业生涯开发系统还能将合格的人员及时填补到空缺岗位上，这样企业就能免于因重要岗位人员突然离职而遭受损失。然而，我们也要看到，职业生涯开发系统存在潜在问题，那就是它虽然重视培养企业核心人才，却可能忽视那些未被选中的公司员工，打击了他们的主动性与积极性，造成负向激励，甚至可能让公司流失一批优秀员工。除此之外，如果目标职位始终没有空缺出来，公司就无法提拔那些被选中的员工，使他们期望落空，也让他们感到心灰意冷。

现如今，部分企业会对计算机化的技能清单资料提供的信息进行利用，让"挑选员工"工作更加完善，确保能够选拔出最合适的人才。技能清单中含有如下信息：员工的培训、教育、智力、技能、资格等，同时，技能清单还会及时更新这些信息，从而实时地、全面地反映所有企业员工的最新技能情况。

首先，人力资源管理部门可以查询个人记录，对所有企业员工的资料进行总结，从而发现哪些员工具备的技能、所受的教育不能满足现在职位所需；也能发现哪些员工能够胜任空缺的岗位，哪些员工具有潜力，应当通过培训实现提升。人力资源管理部门可以利用计算机建立资料库，开展上述工作。企业可以建立技能资料库，设置多种技能项目。例如，企业可以设置"微波通信工程师"项目，在这一项目中，涵盖所有具有相关学习、工作经历的人的信息。同时，企业也可以根据员工的日常变化对资料库中的信息进行调整。通过对资料库的利用，我们可以发现，一些员工实际上无须进行外部征召，企业内部就有非常合适的人选，只是因为之前信息不够畅通，我们未能将合格的、合适的人才挖掘出来。

二、外部征召的渠道和方法

（一）广告

广告，顾名思义，就是"广而告之"。企业通过媒体将企业就业需求信息传递给公众，就是通过广告进行外部征召。从某种意义上讲，广告能够最广泛地将工作空缺对潜在求职者进行通知。同时，在做广告时对不同媒体进行借助，所收获的效果也是各有不同的。应当对何种媒体进行选择从而获取最好成效，这取决于企业所招聘的职位类型。

（二）报纸

发行量大是报纸所具有的优点。在报纸上刊登招聘信息时，企业可以灵活选择所占版面的大小。报纸会集中在一个特定区域进行发行，也会分类编排栏目，更有一些报纸属于专门的求职类型的或设置了专门的求职版面，专门刊载招聘信息，所以对于那些积极的求职者而言，他们不会忽略这些刊登在报纸上的招聘信息，而在报纸上查找相关信息也更为方便。不过，通过报纸进行征召也存在一定问题，报纸面向无特定性的对象进行发行，谁都可以买到报纸，看到上面的招聘信息，因而企业会收到大量的应聘者资料，且这些应聘者水平参差不齐，人力资源部门的工作负担也随之大大加重。同时，报纸具有时效性，保留时间短，如果潜在候选人没能在这个时间段内看到相关招聘信息，就很可能错过这一机会。此外，报纸上刊登的招聘信息的设计，会受到印刷质量、纸质等的限制。

在利用报纸刊登招聘信息之前，企业应对当地报纸类型进行全面了解，同时要了解各家报纸受众群体、发行数量等内容。我们要谨记，一个报业媒体的受众人数多少并不是最重要的，最重要的是其受众群体为准，因为这密切关系到看报纸（并了解招聘信息）的人，有多少是潜在的职位候选人。同时，企业也要对刊登招聘信息的版面大小进行考虑，通常来说，相较于"豆腐块"般的小版面，大版面要更为"吸睛"。

（三）杂志

能更大概率地接触到目标群体、保存方便、能在相对较长时间内被人看到、有着更好的印刷质量和纸质、视觉冲击力更强等，这些都是杂志渠道的优势所在。不过，杂志渠道也有其自身的局限性，与报纸相比，杂志每期之间有着较长的发行时间间隔，面向较为分散的地域范围，故而招聘信息有着较长的预约期。基于此，如果企业需要对那些并不迫切需要补充的岗位进行招聘，可以选择杂志渠道进行。同时，当企业需要招聘一些集中在某专业领域的人才时，可以考虑选择那些在该专业领域有着较多读者，能得到该专业领域人才广泛阅读的杂志刊登招聘信息。

（四）广播电视

最不容易被人忽视的，大概就是广播电视了。在广播电视上播放招聘信息，即便是那些不是很积极的求职者也能了解到相关内容。同时，相较于印刷广告而言，广播电视的视听感觉更强，能对雇用氛围进行有效渲染。假如企业在黄金时段投放招聘信息，能够收获更多受众，在人们心中留下更深刻的印象。不过，相较于报刊来说，在广播电视投放招聘信息，往往需要更高的成本，同时播放时间较短，无法被查阅。如果企业在竞争背景下开展招聘工作，需要对企业影响进行扩大，在招聘的同时宣传企业形象，则选择广播电视渠道是更为合适的。

（五）其他印刷品

在校园、招聘会或展示会等特殊场合中，小册子、宣传旗帜、传单、招贴、海报等都属于颇有成效的外部征召方式。企业将这些方法与其他招聘方法相结合，所产生的效果会更好。这里需要强调的是，企业要对发放印刷品的场合进行充分考虑，防止出现其他问题。例如，在街头发放宣传单，有可能造成环境污染，也有可能引起路人反感，损害企业形象等。

（六）职业介绍机构

改革开放以后，众多职业介绍机构在我国出现。职业介绍机构的主要任务是帮助雇主对所需人才进行选拔，从而为雇主节省时间。如果企业未设立人事部门，或者某个岗位急需人员入职，对空缺进行填补时，就可以与职业介绍机构进行合作。当然，企业要注意的是，如果要长期委托职业介绍机构，应当向职业介绍机构明确相关招聘要求，并交付工作说明书，同时委派专人进行，使其稳定地与几家职业介绍机构保持联系。

（七）猎头公司

猎头公司就是一种就业中介组织，其与职业介绍机构存在相似之处。不过，猎头公司有着特殊的服务对象以及运作方式，因而人们常常将其视为独立的招聘渠道，并未与职业介绍机构混为一谈。

那些优秀的、富有能力的人才，通常来说都已走上工作岗位。而猎头公司则负责专门将高级技术人员、高级主管人员推荐给雇主。猎头公司会与高级技术人员、高级主管人员等优秀人才联系，设法使他们从正在服务的企业离开。猎头公司有着很广的联系面，尤为擅长与那些正在工作且并未渴望更换工作的人进行接触。在选拔、招聘高级主管等专门人才方面，猎头公司能够帮助雇主节省大量时间。不过，雇主需要向猎头公司支付很高的费用，通常为猎头公司推荐人才年薪的 1/4 到 1/3。

当企业通过猎头公司搜寻人才时，也应当重视如下问题：其一，要将自己需要何种人才以及需求缘由向猎头公司进行说明；其二，对猎头公司搜索人才的范围进行了解；其三，对猎头公司直接负责指派任务的人员的能力进行详细了解，避免受到迷惑；其四，对服务费用和支付方式进行事先确认；其五，确保选择的猎头公司是否值得信任；其六，最好先接触该猎头公司的客户，向他们了解猎头公司实际服务效果。

（八）校园招聘

企业中技术人员、专业人员的一大重要来源就是"大学校园"。在对校园招聘活动进行设计时，企业要考虑两个问题，分别为如何吸引工作申请人以及如何选择学校。在对学校进行选择时，企业要从自己所需要的员工类型以及财务约束情况出发。如果企业资金方面较为紧张，那么可以选择本地大学开展校园招聘；而如果企业资金雄厚，那么也可以到全国各地高校进行校园招聘。

对于高校校园招聘而言，最理想的招聘来源并非最著名的学校，因为毕业于著名大学的学生可能自视甚高，对于那些具体而烦琐的工作没有耐心与兴趣，这会大大妨碍其提升管理能力，使其难以更深入地理解经营理念。

校园招聘也存在一定缺点，那就是在时间和资金上都花费较多。企业需要对时间进行规划安排，对宣传资料进行印刷，还要做好沟通记录工作。

（九）员工推荐

早些时候，很多企业都不希望员工和其家人在一起工作，对这种情况给予严格限制，从而防止出现人事决策的公正性被过于紧密的个人关系影响乃至危害等问题。然而，现如今，越来越多的企业认识到，采用员工推荐方式对其朋友或家属进行雇用是大有裨益的。员工推荐方式能够节省招聘费用，企业既无须再向职业介绍机构支付费用，也不必再承担招聘的广告费，就能收获可靠、合适且忠诚的员工。当然，在进行推荐时，员工也要注意，如果自己推荐的人不能满足企业所需人才的要求，一方面会对自己在企业的地位产生影响，另一方面也会对自己和被推荐人之间的关系产生影响，因此要慎重推荐、择优推荐。

第四节　多维视角下应征者的求职过程

在企业的招聘过程中，工作申请人的行为对企业招聘工作的成败具有重要的影响。现代人力资源管理非常重视员工的工作生活质量，对工作申请人本身的考察也就构成了人力资源管理的重要内容。

一、申请人选择工作方式的类型

在求职者中，大学毕业生具有典型性，下面，我们就以大学生为例，对申请人选择工作方式的类型进行阐述。我们可以将大学毕业生在求职过程中采用的取舍标准划分为如下三种类型：

其一，最大化标准。采用这种取舍标准的大学生，会尽可能多地参加面试，从而得到更多的录用通知。在手握很多录用通知的基础上，他们会理性地根据自身设定的标准，从中选择自身最需要的、满意的工作。

其二，满意标准。采用这种取舍标准的大学生，通常会对自己得到的第一个工作机会直接接受，不会再额外进行挑选，他们认为在哪家公司工作都是一样的，不存在实质性区别。

其三，有效标准。采用这种取舍标准的大学生，在得到一个自己满意的、能够接受的工作机会后，不会第一时间做出决定，而是会对下一个机会进行争取，然后将二者详细比较，从中挑选更符合自己心意、更具优势的一个。

也有人将大学生的求职方法分为"补偿性方法"与"非补偿性方法"。所谓补偿性方法，就是大学生会全面收集每一个自身得到的工作机会的信息，从自身设定的重要标准出发，将每个能够选择的工作机会与其他工作机会做比较，最终选择有着最大总体价值的工作机会。但是，由于人们的时间、耐心和精力都是有限的，因此实际上人们很少这样理性地来选择工作，而是采用所谓的"有限理性"原则来处理这一问题。有限理性原则是指人们采用一些简化的策略。具体方法是先把那些在薪水、工作地点等关键的标准方面没有达到自己要求的工作机会排除，然后在剩下的比较少的工作机会中通过全面的比较来进行选择。组织了解求职者的求职方式对于设计招聘活动是非常必要的。

二、工作申请人与组织的目标冲突

"冲突"在招聘工作中是非常常见的。以下是工作申请人与组织之间存在的几种冲突：

其一，工作申请人的内在冲突。一方面，申请人要对自身的个人魅力进行表现，对组织的信息做出积极反应；另一方面，申请人在提供自己能力的真实情况的同时，也要对组织进行选择与评估，就工作待遇等方面的问题向组织进行询问。

其二，组织的内在冲突。一方面，组织要将自身最具吸引力的特征表现出来，尽可能地在招聘环节让工作申请人感到放松；另一方面，组织也要向工作申请人抛出种种棘手问题，从而判断其是否合格、合适。

其三，工作申请人和组织之间的冲突。这种冲突有着如下表现形式：第一种是组织在极力表现自己对员工吸引力的时候，可能无法提供工作申请人用来判断组织真实情况的信息；第二种是工作申请人在极力表现自己价值的时候，可能无法为组织提供用来评价工作申请人真实情况的信息。由此可见，对于组织而言，有效的招聘工作需要在现实性和理想主义之间取得平衡。

三、准备简历

（一）简历的内容

在应聘之前，工作申请人需要准备一份合适的简历。对于公司而言，往往会先通过简历对申请人进行了解，留下第一印象。因此，工作申请人准备的简历应当具有出众、简练、专业的特征，要做到界面清晰、讲究文法、结构平衡。通常来说，简历应当涵盖如下内容：

（1）申请人的基本信息，包括姓名、电话号码、居住地址等。

（2）申请人的前程目标、职业规划、职业抱负等。

（3）申请人的教育背景。

（4）申请人的工作经历。申请人要对所申请工作相关部分经历进行重点、详尽的列举与说明。

（5）申请人参加过的活动、团体。

（6）申请人的兴趣、爱好（与所申请工作要有所关联）。

（7）申请人发表过的文章、论文等。

（8）申请人的推荐人。

（二）求职信

在向目标组织递交简历的同时应附加一封求职信。在准备求职信时应该注意以下几个方面：

第一，虽然在申请工作时可能要向多家公司递交申请，但是每封求职信都必须分别打印，绝对不能用复印件。在现代印刷技术已经非常普及的今天，有时一封手写的求职信会有意想不到的效果。

第二，最好将求职信寄给某个具体的人，而非寄给某个部门。假如有重要人物对你的工作申请给予推荐，可以征求其同意，在求职信中对其名字予以提及。

第三，求职信不要长篇累牍，应当简明扼要，最好将内容在一张纸内表述清楚。申请人要陈述自己对所申请职位的兴趣，说明求职优势，请求得到一个面试的机会。

第五节　员工招聘与筛选的方法

一、心理测验

（一）心理测验的概念及实施步骤

1.心理测验的概念

在对员工进行筛选时，为了能准确判断应聘者的才能、思维敏捷性、气质等，通常会借助心理测验的方式。特定的情况下，将一组标准化的刺激提供给应聘者，将应聘者的反应当作行为样本，评价其个人行为。行为样本本身便是具有代表性的一组行为，其并非内部心理活动，也并非反射性生理行为，而是间接的、外显的。完整意义的心理测验包含更为复杂的内容，可被分为两大类，分别为个性测验与认知测验。

2.心理测验的实施步骤

心理测验的实施过程，可以分为如下几步：

（1）对测验对象、测验目的进行确定，随后从不同心理测验方法的功能与适用范围出发，对更为合适的方法进行选择，将其作为筛选手段，如测验对象的背景如何？是测量智力还是个性呢？

（2）收集有关的资料是使用已有的测验工具，还是开发和设计新的工具？好的心理测验所测的内容应该与测验目的相一致。并且有一套标准化的过程和较高的信度和效度，因而通常情况下是选取现成的测验，以省去开发新测验的大量花费。

（3）实施心理测验的工作人员可以是专业的心理学工作者，也可以是经过这些专业人员培训和指导的企业内部人员，整个工作应该按照固定的规范化的程序实施。

分析测验的结果也应该由专业的心理学工作者来进行分析或者在其指导下进行。此时，必须有一个可以比较的适当的常规模型。同时由于心理测验涉及个人的能力、人格等问题，分析人员要谨慎行事并严格遵守职业道德，既要向对方解释测验的结果，又要保密结果，以维护其利益。

（二）认知测验

认知行为是认知测验的内容，包括成就测验、性向测验以及智力测验三部分。智力测验是通过一种科学的方式来测验受测验对象的智力水平。什么是智力？现代心理学界有不同的看法。我们认为，智力是个人适应新环境的能力，是人的行为表现。行为表现是心理现象，这里所进行的智力测验，并非针对单独的智力特征进行，而是针对包括思维能力、想象能力、记忆能力、观察能力等在内的一组能力进行测验。一个人能否在社会上取得成功，直接受到其智力高低的影响。通常来说，有着较高智商的人，往往也会有着较强的学习能力。当然，学习能力与智商之间也并非完全正相关，因为社会适应能力也被包括在智商之中。有的人尽管有着较强的学习能力，但是却没有很强的社会适应能力。运用智力测验对应聘者进行筛选，能够帮助面试者对个人基本水平进行了解。不过，即使应聘者有着较高的智力，也并非能够适合于所有工作。通常来说，那些有着较高难度、较为重要的技术工作，应当由具有较高智商的人负责。

在智力测验中，我们用智商（IQ）表示智力水平的高低。离差智商与比率智商是智商的两种表达方式。在对儿童进行测试时，常使用比率智商。比率智商采用如下计算方法：以智力年龄（MA）和实际年龄（CA）之比乘以100，即：

智商 =（MA/CA）× 100

尽管我们的年龄一直在增长，我们的智力并不会一直得到提升与发展。所以，在对成人进行测试时，应当采用离差智商。离差智商提出这样一种假设，即从人类整体来看，人的智力测验分数按正态分布。对离差智商进行计算时，要以 100 为平均数，15 为标准差。某个人的离差智商应当为 100+15Z，这里的 "Z" 指的是标准差的个数。这表明，一个人在特定团体中所处的位置决定了其智商水平的高低。

性向测验指的是学习能力的测验，是在给予适当的机会时获得某种知识或技能的能力。这种能力是在一定的遗传因素的基础上各种经验累积的结果。性向测验有两种：综合性向测验和特殊性向测验。在招聘选拔中，最经常做的能力倾向测验一般是综合性向测验。其内容主要包括：言语理解能力、数量关系能力、逻辑推理能力、综合分析能力、知觉速度与准确性等。这些能力往往是在各种工作中经常运用的能力。如美国著名的 "区别性向测验" 就包括 8 个分测验——语文推理、数学推理、抽象推理、空间关系、机械推理、文书速度与准确度、语文拼字习惯、语文造句习惯。在测验后，根据个人在各个方面所得分数评估其在哪些方面性向较高。而特殊性向测验是在一些特定的职业或职业群中所采用的，它在一般的招聘中并不常用。所谓特殊能力就是指某些人具有他人所不具备的能力，如美术能力。对美术能力倾向进行测验并不是要知道这个人目前已有的美术水平，而是想测量该个体在未来有没有潜在的美术能力，从而以后能够在美术方面有所成就。飞行能力测验是较早编制并应用于实践中的一种特殊能力测验。它测量的是一个人是否具有一种潜在的飞行能力，从而降低飞行员的淘汰率。

成就测验是用来鉴定一个人在一般的或是某一特殊的方面，经过学习或训练后实际所拥有的能力的高低。根据反应方式的不同，成就测验可以分为操作测验和书写测验。操作测验，如表演操纵一种机器，组装零件或者排除机器故障等。书写测验又可以分为再认式测验与回忆式测验两类。再认式测验的题目是把若干学习或培训过的事物，重新呈现在被试者面前，让被试者辨认或加以排列组合，如是非题、多选题、顺序题、匹配题；回忆式测验的题目是学习过的东西或者事物不被呈现在被试者面前，题目必须通过回忆才能写出答案，题目形式有填空题、简述题、论述题等。成就测验适用于招聘专业管理人员、科技人员和熟练工人，特别是当对应聘者实际具有的专业知识和技能不能确认时使用，以便于应聘者间的公平竞争。

二、面试

在各种选拔测评方法之中，"面试"有着最高的使用率，使用范围也最为普遍。毫不夸张地说，所有的人员筛选过程几乎都会使用面试的方式。具体而言，面试是在特定地点、特定时间进行的，有着明确的、事先精心设计的程序和目的的谈话，通过应聘者与面试者彼此面对面交谈、观察，了解应聘者各方面情况（如求职动机、能力状况、个性特征等）的一种人员测评和筛选活动。

（一）面试的种类

从面试的结构化程度出发，我们可以将面试分为结构化面试和非结构化面试。在结构化面试中，面试者需要体现对问题的设计与准备，并据此向应聘者进行发问。当然，面试者也可以对应聘者就其他方面问题进行提问，从而活跃面试气氛。在对一般管理人员、一般员工等进行招聘时，宜采用结构化面试方式。非结构化面试并非提问式，而是漫谈式，在面试过程中，面试者与应聘者随意沟通、交谈，谈话内容不受范围限制，没有固定题目，应聘者能够自由地、无拘束地抒发感情、发表言论。非结构化面试主要是为了观察应聘者的风度、谈吐、价值观、知识面，对其组织、判断、思维、表达等各方面能力进行了解。这种面试方式也对面试者提出较高要求，其需要经验丰富、知识丰富、掌握更多的谈话技巧，否则面试很容易失败，难以取得理想成效。一般来说，在对高级管理人员进行招聘时，我们可以选用非结构化面试。

从对面试的控制方式出发，我们可以将面试分为如下三种类型：

其一，多对一面试与一对一面试。所谓多对一面试，就是集体面试，多名面试者对一名应聘者进行面试。所谓一对一面试，就是单独面试，一名面试者对一名应聘者进行面试。

其二,一次性面试与连续性面试。一次性面试一般由面试小组进行主持,企业其他相关方面人员担任小组成员。所谓连续性面试,指的是多轮面试。例如,应聘者先接受人力资源部工作人员面试,随后进入下一轮面试,由用人部门主管面试,最后由企业高层管理人员面试。

其三,计算机面试。应聘者在计算机上对选择题进行回答,属于计算机面试方式。企业通过应聘者回答问题时的反应速度以及回答内容对其进行评判。

（二）面试准备

1. 明确面试的目的

实践中,有些面试者在面试过程中总会漫无目的地进行提问,之所以出现这种问题,主要是因为其并不明确面试目的。所以,面试者一定要在面试前明确面试的真实目的。通常来说,面试最基本的目的是对应聘者是否具有符合工作岗位要求的个人素质进行考察,不过,面试也有着其他目的,如通过面试对应聘者从前工作的企业信息、行业信息予以掌握,或对企业所具有的优势进行宣传,让应聘者对企业有更多了解等。

2. 回顾职位说明书

在面试中,应当以职位的说明、描述为依据,对应聘者是否具有胜任该职位的能力进行判断。所以,在面试之前,面试者必须全面、深入地了解所招聘的职位。在对职位进行熟悉的过程中,面试者要对如下内容进行重点了解:其一,工作中的薪酬福利、晋升和发展机会、环境因素、汇报关系;其二,该职位在职业兴趣取向、个性特征、经验、能力、知识等方面对任职者的要求;其三,该职位的主要职责。面试者可以采用自我提问的方式,测试自己是否已经足够熟悉职位说明书。例如,能够对应聘者提出的关于公司信息、职位信息的问题进行回答吗?能与应聘者清晰地沟通职位职责吗?对应聘者身上应具备的重要任职资格的判断有充分了解吗?

3. 阅读应聘者简历

面试者在正式对应聘者进行面试之前,会收到应聘者投递的简历,必须对简历进行仔细阅读。一方面,仔细阅读应聘者简历,能够使面试者对应聘者背景、资格、经验更加熟悉，便于将这部分内容与工作职责、职位要求进行对照，初步判断应聘者对工作职位的胜任程度；另一方面，仔细阅读应聘者简历，能够让面试者发现简历中存在的问题，正式面试时就可以根据这些问题与应聘者进行讨论。面试者要阅读应聘者简历中提到的工作调换频率、工作经历、教育背景等内容，还要了解应聘者身上的无形资产。面试者要与筛选简历时记录的重点与疑问进行对照，对面试中需要从应聘者那里获得的信息进行重新整理与构思。

4. 制定面试评分表

面试评分表能够让面试者在某一职位的具体要求上集中精力，继而从具体要求出发，测评并判断应聘者，对其进行打分，从而实现对应聘者评估的客观性、有效性。依照职位说明书要求，面试评分表为每一个职位进行表格设计，同时根据重要性，从左至右对这些要求进行排序，分别赋予它们权重，对各个项目的总分进行计算。例如，如果某一职位要求的语言表达能力占有 10% 的权重，需要将其总分记为 10 分。具体如表 3-2 所示。通过面试评分表，我们能够对应聘者具备的素质有更清晰、更直观的了解。

表 3-2　××公司行政主管招聘评分表

应聘者姓名	相关工作经验	领导才能	人际关系能力	处理矛盾和冲突能力	语言表达能力	语言表达能力	学历	举止仪表	备注
赵									
钱									
孙									
李									
吴									

面试评分表还有另一个优势，就是能够防止因为面试者个人偏见而造成错误。任何面试者都会带有自身的偏见。例如，如果一名面试者喜欢衣着整洁，那么当其面试一名穿着较为邋遢的应聘者时，就会下意识认为在工作中他也一定马马虎虎、拖泥带水。然而事实上，该面试者的想法也许是错误的，穿着邋遢的人在工作中也能独当一面，发挥出极强的工作能力。然而，假如面试者在面试过程中要

时刻提醒自己，不能对面试者存在偏见，势必会占用一部分精力，难以对应聘者的回答全神贯注地聆听。面试评分表就能帮助面试者在表中重要项目上集中注意力，把偏见置于次要地位。在这里我们需要注意，面试评分表应当具体到每一个项目，预先对不同的等级标准、分数进行制定，从而帮助面试者对不同项目的含义进行了解。此外，面试者还要针对每个项目准备相应问题，从而对应聘者进行全面准确的了解。

5. 确定时间和场地

面试者与应聘者应当对面试时间进行提前约定，确保在约定时间内，彼此都能对面试进行全身心投入，不受其他干扰。面试者要对自己的时间进行妥善规划，防止面试时间与其他重要工作时间发生冲突。在选择面试场地时，通常来说，公司会选择在办公室进行面试，但同时也要牢记，不能让面试受到意外事件或电话干扰。面试环境应保持整洁、安静，令人感到舒适，合理地摆放座位。面试者要认识到，哪怕在摆设上存在一点不恰当的地方，都可能对应聘者心情造成影响，从而使其无法发挥出最佳水平，最终难以取得理想的面试成效。另外，面试的场所也可以突出本企业的特点。

（三）面试技巧

自我评价式、澄清式、开放式和直接式这些提问方式，在面试中常被使用。在面试过程中，上述提问方式的作用都是十分重要、不容忽视的。面试者只有对各种提问方式予以熟练掌握，才能驾轻就熟、从容不迫地对应聘者进行面试，对面试的节奏、脉搏进行掌控，从而使面试更加高效。下面，我们对这四种面试提问技巧分别进行阐述：

第一，直接式提问。直接式提问能够让应聘者在某一信息上集中注意力，将直接、具体的答案提供给面试者，通常来说，直接式提问的回答大多为"是""不是"，也包括如日期、数字等微小的数据、信息。然而，需要注意的是，这种答案难以使面试者明白应聘者对自身如何进行了解与思考，对自身所处环境又是如何评价的。同时，如果面试者连续进行直接式提问，会让应聘者感受到一种威胁、谴责之意。

第二，开放式提问。开放式提问就是将一些没有固定答案的问题向应聘者提出，让应聘者能够在较大范围内对该问题进行回答。面试者可以在应聘者丰富的回答内容中，对有关信息进行捕捉，同时对应聘者思考问题的方法、看问题的角度、对某些过程进行解释的思维表达、某些行为或决定背后支撑的逻辑推理等进行观察。开放式提问能缓解紧张情绪，让面试者与应聘者处于融洽关系之中，还能让面试者获得一些意料之外的信息。不过，开放式提问往往会花费更长的时间，面试者会更难控制面试过程。

第三，澄清式提问。在面试过程中，面试者采用澄清式提问，主要是为了让应聘者进一步解释自己的回答，或者询问更多有关信息。如果面试者觉得应聘者回答的内容较为模糊，或者缺乏完整性，就可以采用澄清式提问。

第四，自我评价式提问。自我评价式提问就是让应聘者从总体上评估分析自身的特点、技能、行为等。例如，面试者询问"你认为自己对于这一岗位最大优势为何"。面试者要谨记，不能直接让应聘者对自身不足、缺点进行评价，因为应聘者很可能会含糊"装傻"，对一些正面优势进行包装，当作所谓的缺点与不足。

在对上述提问技巧进行掌握后，面试者还需要注意以下问题：第一，不要提出带有提问者本身倾向的问题，如以"你没……""你肯定……"开头的问题。第二，不要提出引导性问题，如"如果你要完成一项从没完成的任务，会感到不安吗？""如果公司需要加班，你不会介意，对吗？"。第三，面试者要尽量提出一些能让应聘者根据过去言行实例进行回答的问题。第四，面试者的提问应当循序渐进，由容易到困难，由简单到深入，从而让应聘者逐渐进入更好的状态。同时，面试者要对节奏、速度进行把握，避免纠缠那些细枝末节。第五，面试者要努力营造和谐的谈话气氛，从而让应聘者自然而然地表达出真实信息。

（四）面试的过程

通常来说，面试包含关系建立阶段、导入阶段、核心阶段、结束阶段这四个阶段。在不同阶段，面试的主要任务有所不同，同时也有着不同的适用面试题目类型。

1. 关系建立阶段

在正式进行面试之前，面试者需要将轻松、友好的氛围尽可能地营造出来，从而避免自己与应聘者之间存在紧张感，让沟通更加有效。面试者可以和应聘者就当天的交通状况或天气情况等无关工作的问题进行讨论。这部分讨论内容点到为止，不应过多，占整场面试的 2% 即可。

2. 导入阶段

面试者要对应聘者进行提问，提问内容应集中在应聘者较为熟悉、有所准备的领域，如请应聘者进行自我介绍，简单阐述曾经的工作情况等。导入阶段通常占整场面试的 8%。此阶段面试者提出的问题主要应当为开放式的。这是因为，应聘者在回答开放式问题时，往往有着很大的自由度，能够给出丰富的回答内容，这些内容一方面将谈话素材提供给面试者，另一方面也让彼此放松，缓解紧张感，更好地进入角色。

3. 核心阶段

这一阶段，面试者应当对应聘者进行引导，让其对自身相关的核心胜任能力的事例进行阐述，对应聘者核心胜任能力信息进行收集，同时对其进行基本的评价、判断。在整场面试中，核心阶段所占比重高达 80%。面试者要对面试技巧以及自我评价式、澄清式、开放式、直接式这些问题进行灵活运用，与应聘者沟通交流，对面试节奏进行控制，对应聘者的胜任能力信息进行有效获取。

4. 结束阶段

面试者要检查自己在面试过程中是否遗漏某些问题，对应聘者追问那些未能确认的信息。通过前面的面试，面试者对应聘者的很多信息都有所了解，如果已经初步确定应聘者能够胜任招聘岗位，是合适人选，就可以向应聘者对公司情况、员工福利待遇、有关好处进行"推销"与宣传，从而让应聘者对公司更感兴趣，更愿意来公司任职。如果面试者尚无法确定该应聘者能否满足公司需求，可以在面试结束后向面试者进行感谢，表达友好与尊重。在整场面试中，结束阶段占 10%。

三、评价中心

评价中心是一种筛选和评估管理人员或专业人员的人员选拔测评方法。它最早起源于第一次和第二次世界大战中德国和英国军方对于军官的选拔。第一次世界大战期间，德国的军事心理学家采用多种评价程序对军官进行评定，这实际上是评价中心的前身。后来这种方法被带到了美国。在第二次世界大战中，美国部队中流行使用小组讨论和情境模拟练习来选拔情报人员。第二次世界大战结束后，这种方法被广泛推广到工业企业。据统计，截止到20世纪80年代中后期，仅在美国就有3000多家企业、非营利性组织和政府机构建立并使用着各种各样的评价中心。自20世纪80年代以来，评价中心在我国企业和国家机关的招聘中也开始有了初步的应用。

（一）评价中心的概念和优缺点

1. 评价中心的概念

评价中心并非地理上的概念，而是一种综合性的人员测评办法。评价中心通过在相对隔离的环境下，评估参加者做出的一系列活动，采用团队作业方式，对参加者的管理能力与专业技术进行客观测评。评价中心能够选择、储备企业发展所需的人才，其综合使用情境性模拟、面试、心理测验等多种测评技术。依靠上述测评方法，评价中心既能直接测评个体，又能在集体活动中测评个体行为。评价中心同时测试一组个体（一般来说一组包含12人），由组织外部的专家、企业或其他招聘单位内部的高级管理人员共同作为评价者（一般来说人数为6人）。测评活动时间可能为几个小时，也可能为几天，具有一定跨度。在测评活动中，用人部门的负责人以及人力资源的专业人士共同对被测评者的表现进行观察，至少有3名评价者对一名被测评者进行观察，同时，每名评价者最多观察3名被测评者。测评活动的最后，评价者要根据一定标准，对被测评者的行为进行打分。评价者之间要就打分结果达成一致。

2. 评价中心的优缺点

许多研究者和实际应用工作者都认为评价中心具有突出的特点，这些特点中有其他测评方法不可比拟的一些优点，同时也具有一定的局限性。

评价中心主要有如下优点：

第一，评价中心对多种测评技术进行综合使用，由多名评价者对被测评者进行评价，为从不同角度观察、测评被测评者的目标行为提供机会，能够获取大量的信息，得到的结果是较为有效的、可靠的。

第二，情境性测评法，这种常被评价中心采用的测评方法具有动态性。在与他人交往以及对问题进行解决的过程中，能够更清晰地暴露被测试者所具有的部分特征，有利于评价被测试者较为复杂的行为。

第三，"模拟真实情景"是评价中心常用的测评手段，并且所模拟的情境多数是关于拟任工作的。在这样的情境中，对应聘者实际工作能力以及潜在能力进行考察，最终选拔的人员往往无须经过培训，能够直接上岗，节省了培训费用。

当然，我们也要看到，评价中心也存在一定缺点。

第一，其有着较高的成本，包括精力成本、时间成本、货币成本等。

第二，其有着较高的复杂程度，在控制实施和设计任务方面难度较大。

第三，我们仍需在理论上进一步解释、验证其运用技术的有效性。

（二）评价中心的内容

评价中心综合应用了各种人员测评技术，但这些并不是评价中心的主要组成部分。评价中心的一个重要特征就是在情境性的测验中对被测评者的行为进行观察和评价。情境性测验通常是将被测评者置于一个模拟的工作情境中，采用多种评价技术，由多个评价者观察和评价被评价者在这种模拟工作情境中的行为表现。情境性测评方法有各种不同的形式，其中最普遍使用的情境性测评方法的类型主要有无领导小组讨论、文件筐测验或公文处理测验、管理游戏、模拟面谈、即席发言等。

1. 无领导小组讨论

很多职位的任职者特别是管理者在日常工作中的一个重要工作就是与他人沟通，他们可能会与别人一起讨论某些问题，并对这些问题做出决策，或者需要说服他人，为自己的组织争取更大的利益，或者与一些不同背景的人合作共同完成一个项目。无领导小组讨论这种情境性测评方法就是设法模拟这些重要的沟通情境，旨在考察被测评者的组织协调能力、领导能力、人际交往能力、辩论说服能力以及决策能力等，同时考察被测评者的自信心、进取心、责任感、灵活性、情绪稳定性以及团体精神等个性方面的特征和风格。

无领导小组讨论是指一组被测评者在给定的时间里在既定的背景下围绕给定的问题展开讨论，并得出一个小组意见。参加讨论的被测评者一般是 4～8 人，最好是 6 人；讨论持续时间通常是数小时。在无领导小组讨论中，可以给参加讨论的每一个被测评者分别指定一个角色，即有角色的无领导小组讨论。也可以不给被测评者指定角色，即无角色的无领导小组讨论。但是，无论参加讨论的被测评者有无角色，在参加讨论的一组被测评者中事先并不指定谁担任小组的领导者，即"无领导"，他们在讨论问题的情境中的地位是平等的。被测评者对发言次序进行自行组织与安排，同时展开讨论。在讨论过程中，要从招聘职位特点出发，确定所讨论的问题内容。评价者并不参与到被测评者的讨论之中，其主要负责在讨论开始之前将讨论的问题介绍给被测评者，同时向被测评者宣告相应时间限制以及需要达到的目标等。当然，评价者最重要的任务是观察被测评者的讨论表现，以及对其进行评估。

无领导小组讨论同样是一种人员筛选办法，其优势十分突出：首先，它是对被测评者所做的而非所说的进行评价，趋近于真实的行为，更能反映被测评者的实际情况；其次，被测评者的相互作用使一个人的能力和风格能够充分地展示出来，便于评价者观察到被测评者真实的与人交往的能力以及在团队工作中的特点；再次，讨论内容多是与实际工作密切相关的话题，被测评者易于接受，表面效度高；最后，它能够在同一时间内对多名被测评者进行评价，减轻因时间、题目、评价者等因素对被测评者评价的影响。

无领导小组讨论也存在一定问题，如对评价者有着较高要求、编制题目难度较大、评价者主观因素容易影响测评等。除此之外，小组成员还会影响到领导能力的表现。例如，一位被测评者本身没有较强的领导才能，然而其被安排的群体中，其他人领导才能相对更弱，结果反而凸显出该测评者的领导才能，使其获得高分。

那么，我们应当如何对无领导小组讨论的效果进行提升呢？第一，在无领导小组讨论中，小组成员的距离应适合从事所欲完成的工作任务；第二，评价者和被测评者之间的位置关系处理要妥当，并尽量减少被测评者的心理压力；第三，讨论中，评价者不予介入，但如果被测评者讨论中自动分成两个或几个小组，应提醒他们作为一个大组来讨论；第四，对测评要素进行明确。如表3-4所示，我们可以以此为基础明确观察点。例如，对于沟通能力而言，我们可以将如下内容作为观察点：强调自己的观点具有说服力，认真聆听他人发言，善于对手势、目光、语调、语音等进行运用，能将自己的意思明确、清晰地表达出来。

表3-4 无领导小组讨论评分表

评价要素	A	B	C	D	E	F
沟通能力						
组织协调能力						
计划性						
人际合作						
自信心						
分析能力						

2. 文件筐测验（公文处理测验）

对于在办公室工作的人员，尤其是那些管理人员，几乎每天都需要面对大量文件。在他们的工作中，非常关键的一点就是对这些文件进行妥善处理。为了测试应聘者是否具有上述能力，文件筐测验应运而生。

那么，到底什么是文件筐测验呢？它又被称为公文处理测验、公文处理测验。在多年实践中，文件筐测验被逐步完善，其有效性也得到证明。在文件筐测验过程中，被测评者要扮演管理者角色，需要处理一大堆文件，其中包括办公室备忘录、关于财务或人事等方面的信息、电话记录、下级反映情况的信件、客户来信、报告、通知等。这些文件有的来自下级，有的来自上级；有的是重要大事，有的是日常琐事；有的是手写稿，有的是打印稿。被测评者需要在规定时间内，独立对这些文件进行处理，或是做出决定，或是采取措施。例如，被测评者可以安排会议、给出处理意见，或者向其他人分配任务等。一般来说，被测评者需要对自己做出决定、采取措施的原因进行书面说明。评价者也可以在被测评者完成任务后，要求其口头回答特定问题。

评价者一般按既定的测评维度与标准对被测评者的公文处理情况进行测评。通常测评不是定性式的给予评语，而是就那些维度逐一定量式的评分（通常采取五分制）。最常见的测评维度有七个，即个人自信心、组织领导能力、计划安排能力、书面表达能力、分析决策能力、承担风险倾向和信息敏感性。另外。为了保证文件编写的逼真与准确，可以用企业的存档文件、记录、函电、报告及现场调访收集的信息做素材来提炼加工。

文件筐测验的方法非常适合对管理人员，特别是对中层管理人员进行评价。文件筐测验比其他测评方法更具操作实施简便性，对场地和实施者没有过高要求，更容易得到被测评者的接受与理解。文件筐测验的内容效度良好，它作为一种纸笔测验，是对被测评者的静态考察，除了通过实际操作的动态过程才能体现的要素外，其他任何静态的内容，如背景知识、专业知识、操作经验以及能力性向等都可隐含于文件中，通过模拟文件处理来对被测评者的潜在能力和综合素质进行考察。

但在设计文件时，除真实具体外，还应该注意与待测评的各维度相联系，并考虑评分的可操作性。这种方法若与其他测评方法结合使用，则更会收到取长补短、相得益彰之效果。

3. 管理游戏

管理游戏这种测评办法较为复杂。被测评者需要组成小组（一般包含4～7人），被视为"微型企业"。在这个"微型企业"中，每名组员都要承担一定的职务或责任，具体可以通过推举或自荐的形式，最后由小组协商确定。各小组自己确定组内是否存在分工，以及分工程度如何。在规定的工作周期内，各小组要利用游戏组织者提供的统一"原料"，如线路板、电子元件、积木、纸板等，对其进行组合拼接，将某种产品装配"生产"出来，向游戏组织者进行推销。评价者对该过程中每名被测评者的表现进行观察，并依照既定测评维度给他们打分。

管理游戏测评法既能够对被测试者的群体内人际协调团结能力、沟通能力、组织计划能力、主动性、进取心进行测评，还能评定集体的某些方面，如集体团结协作状况、制作的"产品"的数量与质量等。

4. 模拟面谈

评价中心中角色扮演的一种形式，就是模拟面谈。在模拟面谈中，经过培训的面试助手与被测评者进行交谈，由评价者观察、评价面试过程。在模拟面谈的过程中，面试助手可以扮演各种与被测评者相关的角色。例如，被测评者拟任职位的客户、下属，或者其他可能与之在工作中发生关系的角色。面试助手甚至可以扮演采访被测评者的电视台记者。面试助手需要根据具体情境要求，对标准化模式进行遵循，向被测评者提出建议、问题，或者对其意见进行反驳，对其要求予以拒绝等。模拟面谈主要对被测评者思维的灵活性与敏捷性、处理冲突的能力、表达能力、说服能力进行考察。

对于许多在工作中经常需要与他人进行交谈的职位来说，如何通过交谈来获取信息、准确地表达自己的意思以及说服他人都是非常关键的技能。因此，通过模拟面试的方法来模拟与被测评者未来工作相关的谈话情境，考察被测评者在面谈中的表现将是一种非常有用的评价手段。

模拟面谈的关键在于对这位与被测评者交谈的面试助手的选择。首先，这个人必须非常了解模拟面谈方法的意图，知道通过什么方法来引发被测评者的反应；其次，这个人必须具备灵活、快速的反应能力，能够根据被测评者的不同反应对事先准备好的脚本进行调整；最后，这个人要有表演能力，可以将情境表现得非常逼真。

5. 即席发言

即席发言就是将一个题目提供给被测评者，在其进行短暂准备后，让其根据题目要求进行发言，从而对被测评者潜在能力、心理素质进行了解和考察的测评方法。这种测评方法主要对被测评者风度气质、言谈举止、语言表达能力、思维发散性、理解能力、快速思维反应能力等方面进行了解与考察。即席发言的题目可以是：在职工联欢会上所作的祝词，召开一次新闻发布会，作一次动员报告等。在即席发言之前，评价者应当将有关背景材料提供给被测评者。

其他同类性质的测评技术还有案例分析、搜寻事实、答辩等，都属于在模拟工作状况下揭示特定职位上所需的胜任特质，从而对被测评者的分析、沟通、决策、领导等方面能力做出评估。

总的来说，测评情境属于一种手段，将被测评者的管理行为予以引出。在实践中，我们可以将不同测验的测评方法加以结合，综合进行运用。例如，将模拟面谈插入公文处理测验的过程中，同时让被测试者立足文件信息进行一场演讲等。

我们应当看到，在应用评价中心方面，有着乐观的前景，因为评价中心具有较高的效度和信度。但是，由于评价中心具有时间长、费用高、需有专家支持和指导的特点，所以它不能大规模地推广，在员工招聘中一般仅限于招聘高层次的管理人员或特殊的专门人员。

第四章　多维视角下人力资源培训与开发

员工培训是人力资源开发管理的重要组成部分。现代社会科学技术的迅猛发展，要求企业员工不断地适应新形势发展的要求，因此企业必须重视对员工的培训，保持企业内部的人力资源优势。本章主要分为培训与开发概述、培训与开发需求分析、多维视角下培训与开发的计划与实施，培训与开发的方法和培训与开发的效果评估。

第一节　培训与开发概述

一、员工培训与开发的含义

立足人力资源管理全过程及其内容角度，在人力资源管理中，员工培训与开发属于非常重要的组成部分，能够维持组织有效运转、帮助组织获取竞争优势并对其进行增强、提高组织运转绩效。通常来说，培训与开发是指立足业务需要、发展需要，通过训练、学习等手段进行的，以改变员工工作行为、工作态度、价值观，提升员工业务节能、知识水平、工作能力，提高和改善组织绩效等为目的的，有组织、有计划的训练和培养活动或过程。

在内涵上，培训与开发并非完全一致，二者存在区别，有着各自的侧重点。从传统意义上看，人们认为培训对现在的目标与工作予以侧重，因而以现在为导向；开发对培训员工（尤其是管理人员）的综合素质更为侧重，是为未来发展打基础、做准备，旨在对员工面向未来职业的能力予以提升，以未来为导向。培训以专门的、具体的知识和技能的传授为着眼点，为员工提供帮助，使之得到相关知识与能力，更好地胜任之前的工作；开发则以员工的成长为着眼点，对员工面向未来的素质与能力进行提升，希望员工能伴随企业成长而成长。同时，在传统观念中，一般员工是培训的对象，而专门的技术人员和较高层次的管理者是开发的对象。不过，近年来，市场竞争进一步加剧，培训与开发日益凸显出其重要地位，人们也越发意识到其重要性，再加上培训与开发所使用的技术手段及其功能日益趋同，二者之间的界限也不再如之前那样分明，变得越发模糊。在现代意义中，培训与开发都对员工、组织的发展（无论现在还是未来）给予重视，并且无论是管理人员还是一般员工都必须接受培训与开发。人们越发习惯于用"培训"对二者进行统称。

二、培训与开发在人力资源管理中的地位

随着信息技术、经济全球化的发展，受到终身学习、人力资源外包等因素的挑战，培训与开发在人力资源管理中的地位日益提升，对培训与开发人员提出了新的、更高的要求。同时，企业战略和内在管理机制不同，也要求提供相对应的培训与开发支持。

（一）培训与开发是人力资源管理的基本内容

获取、开发、使用、保留与发展是人力资源管理的基本职能。而想要充分发挥人力资源管理职能，现代培训与开发是不可或缺的。

每个社会成员都有接受教育、接受培训的权利，特别是步入知识经济时代后，在知识的提高以及知识老化、更新速度加快的影响下，员工必须不断接受教育与培训，这既是员工个人发展的需要，也是组织发展的需要。

对于国家发展、社会经济发展，以及提升国际竞争力而言，提高人力资源质量发挥着至关重要的作用。世界上各个国家都对企业员工培训问题给予高度重视，对相关法律、政策进行制定，切实规范培训工作，同时也支持、帮助企业开展培训与开发工作。

培训与开发密切联系着人力资源管理的各个方面，特别是人力资源规划、甄选和配置、绩效管理、职位设计等。在人力资源完成招聘甄选后，就要着手准备

对新员工进行入职培训。想要改进、提升员工绩效，培训与开发是行之有效的重要手段。培训需求分析以职位分析为基础，而人力资源规划则对培训与开发的层次性、阶段性加以明确。

（二）培训与开发在人力资源管理中的地位和作用的变迁

培训能够优化人的技能、增长人的知识，最终有利于劳动生产率的提升。

置身全球化之中，许多国际大公司、大企业已将培训作为自身投资重点。在美国，工商企业每年花费数千亿元用于员工培训，绝大多数企业都为员工制订培训计划，从而更好地应对高质量要求的工作挑战。与此同时，员工的工作角色、技能要求因多元化带来的技术革新、社会挑战产生变化，他们不得不对自身的专业技能、专业知识进行持续更新。

学习型组织是 21 世纪最成功的企业，相较于非学习型组织，其在销售利润率与利润绝对数方面都更具优势。学习型组织的构建基础就是培训与开发，其地位之重要可见一斑。

（三）战略性人力资源管理对培训的内在要求

战略性人力资源管理是指企业为实现目标所进行的和所采取的一系列有计划、具有战略意义的人力资源部署和管理的模式。企业战略与培训战略的匹配如表 4-1 所示。

表 4-1　企业战略与培训战略的匹配

基本战略	通常需要的基本技能和资源	基本组织要求	人力资源战略	培训战略
成本领先战略	1. 持续的资本投资和良好的融资能力 2. 工艺加工 3. 对工人严格地监督 4. 所设计的产品易于制造 5. 低成本的分销系统	1. 结构分明的组织和责任 2. 以满足严格的定量目标为基础的激励 3. 严格成本控制 4. 经常性的、详细的控制报告	1. 严格的工作划分，明确细致的工作责任 2. 严格监督和控制 3. 简单招聘甄选测试，强调应聘者纪律，一般由上司考核 4. 低于或等于平均薪酬水平 5. 不提供培训或提供少量培训	1. 强调纪律和服从 2. 强调效率优先和成本优先 3. 标准化的操作训练和指导 4. 在实干中学习

第二节 培训与开发需求分析

一、培训需求的确定

开展培训需要以确定培训需求为前提。唯有对组织在员工培训方面的需求予以明确，才能有针对性地、有的放矢地开展培训。那么，什么是培训需求分析呢？培训需求是这样一种活动或一个过程：在对每项培训活动进行规划、实施之前，由工作人员、主管人员或培训部门，系统地鉴别、分析组织的任务及其成员的技能与知识，从而确定是否需要进行培训，以及确定培训内容。培训需求分析是确定培训目标，以及制定与实施培训方案的前提，同时也是评价培训成果的基础。培训需求分析具有重要作用，其能够分析前瞻性，确认差距，确保人力资源开发系统的有效性，能获取外部、内部多方支持，满足需求方法的收集汇总等。

二、培训需求分析的内容

（一）培训需求的对象分析

在职员工培训与新员工培训是培训对象的两种类别，因此，培训需求的对象分析可从在职员工培训需求分析和新员工培训需求分析两方面进行。

针对新员工，我们主要从工作岗位、企业制度、企业文化等方面对其进行培训。新员工的培训需求主要源于以下几方面：不了解企业制度、企业文化而难以融入企业；不熟悉企业工作岗位而难以胜任新工作。在分析新员工培训需求时，特别是分析那些企业中负责较低层次工作的新员工培训需求时，我们通常会采用任务分析法，对新员工在工作中所需的各种技能予以明确。

针对在职员工，我们主要从新技能、新技术等方面对其进行培训。在职员工的培训需求主要源于在生产过程中应用了新技术，在职员工的旧技能难以满足工作需要。在分析在职员工培训需求时，我们通常采用绩效分析法，对在职员工所需掌握的新技能予以明确。

（二）培训需求的阶段分析

我们可以按阶段对培训活动进行划分，将其分为针对现存问题、不足进行的培训，以及针对未来发展需要进行的培训。所以，目前培训需求分析与未来培训需求分析是培训需求分析的两大阶段。

所谓目前培训需求分析，就是针对企业现存问题、不足提出的培训需求，主要是对企业运行中存在的问题、未来能实现的生产任务、现阶段生产经营目标及其达成情况进行分析，对上述问题存在的原因进行探究，并确认解决问题的有效途径为培训。

所谓未来培训需求分析，就是对企业未来发展需要进行满足而提出的培训需求，主要是预测员工已具备的知识水平和尚欠缺的部分、新工作职位对员工的要求、职工调动情况以及企业未来工作变化。

（三）培训需求的层次分析

我们可以从员工战略层次、组织层次、个人层次对培训需求的层次进行分析。

首先，战略层次分析。在分析战略层次时，我们要对各种可能改变组织优先权的因素予以考虑。例如，财政的约束、组织的分合、产品市场的扩张、产品结构的调整、领导人的更换、新技术的引进等。同时，我们还要对企业人才结构的发展趋势、企业未来人事变动等进行预测，对员工的工作态度以及他们对企业的满意度进行调查了解，从中将不利于培训的影响因素找出，创新有利于培训的辅助方法。

其次，组织层次分析。分析组织层次，主要对企业环境、企业资源以及企业目标等因素进行分析，从而锁定企业存在的问题，明确培训能否成为对问题加以解决的最佳之选。分析组织层次时，应当整体考察企业的短期目标与长期目标，并考察可能影响企业目标的因素。所以，人力资源部必须对企业目标予以明确，在此基础上将可落实的培训规划制订出来。

最后，员工个人层次分析。分析员工个人层次，主要是明确当前员工实际工作绩效，是否与企业的员工绩效标准对员工技能要求之间存在差距，这也是日后评估培训效果、评估新一轮培训需求的依据。在评估当前员工实际工作绩效时，主要依据是员工个人填写的培训需求调查问卷、员工技能测试成绩以及员工业绩考核记录等。

第三节　多维视角下培训与开发的计划与实施

培训计划对培训与开发活动的成败发挥了直接影响，并且对培训内容和方法的确定、评估培训效果的好坏发挥了决定性的作用。因此，我们必须对培训计划及其内容、培训计划的制订有深入的了解。

一、培训计划工作概述

（一）培训计划的概念

培训计划是根据一定的逻辑顺序进行排列和记录的，它从组织战略入手，以全面、客观的培训需求分析为基础，从而对培训内容、培训时间、培训地点、培训者、培训对象、培训方式和培训费用等进行系统的预先设定。

（二）培训计划的类型

培训计划要着重考虑可操作性和效果。以时间跨度为标准，培训计划可以分为长期培训计划、中期培训计划、短期培训计划。

长期培训计划必须具备明确的培训方向，要对多方面的因素进行考虑，如组织的长远目标、个人的长远目标、外部环境发展趋势、目标与现实的差距、人力资源开发策略、培训策略、培训资源配置、培训支援的需求、培训内容的整合、培训行动步骤、培训效益预测、培训效果预测等。

中期培训计划是对长期计划的进一步细化，要对多种因素进行明确，如培训中期需求、培训中期目标、培训策略、培训资源分配等。

从目前国内组织的培训实践来看，通常所说的培训计划大多是短期培训计划，或是某次或某项目的培训计划。

以上三种计划属于从属关系，从长期到短期培训计划，工作内容不断被细化。

（三）培训计划的制订

1. 确立培训目的与目标

（1）我们将培训目标分为三类：一是让员工在企业中的角色意识得到提高，二是让员工的知识和技能得到提高，三是让员工的态度动机进行转变。我们也可以将培训目标分为几个层次，如总体目标、具体目标，越往下越具体。

（2）确定培训目标应该符合组织长远目标，一次培训的目标不应该有太多，要从学习者的角度出发，应该对预期课程结束后学员所拥有的知识、信息和能力进行明确说明。目标确定应该与目标管理原则相符合，目标必须是具体的，是可以衡量的，是可以达到的，与其他目标之间具有一定的相关性，目标的达成必须具有明确的截止期限。

2. 确定培训时间

培训时间主要包括两方面，分别是培训时机和培训的持续时间：

（1）企业的培训时机可以从以下时间中进行选择：①新员工加盟时。②新技术、新设备引进或生产工艺流程变更时。③满足补救需要时（缺乏合格员工时）。

（2）企业在对培训的持续时间进行确定的过程中，应该考虑以下因素：①培训内容。②培训费用。③学员素质。④学员的工作与休闲时间的分配。

3. 确定培训场所与设施

确定培训场所与设施时必须注意以下问题：

（1）判断培训场所与设施的基本要求，即舒适度与合适度。

（2）场所选择必须考虑各种细节。

4. 确定培训者

培训者有广义和狭义之分。广义的培训者主要是指培训部门领导人、培训管理人员以及培训师；狭义的培训者单指培训师。

培训部门领导人应具备的条件：对培训工作富有热情，具有敬业精神。有培训与开发工作的实际经验。以身作则，对受训者和自己一视同仁。富有远见，能够对组织的培训要求做出清楚的分析，要用发展的眼光看待人力资源。具有良好的知识结构，尤其是在培训与开发方面的专业知识。具有良好的职业道德品质和身体状况。

培训管理人员应具备的条件：能够与人进行很好的沟通。在工作上具有主动性和积极性。具有任劳任怨的精神和一定的组织管理能力。

培训师应具备的条件：培训师是企业培训活动的关键环节，培训师资水平直接影响培训活动的实施效果，甚至可能会影响企业领导对人力资源部门和企业培训与开发工作的基本看法。培训师来自企业内部或外部。优秀的培训师需要具备以下的素质和技能。

态度，培训师应当喜欢培训工作，符合"3C"，即关心（care）、创造性（creativity）和勇气（courage）的要求。

能力，培训师应当具备信息转化能力、良好的交流和沟通能力、一定的组织管理能力、创新能力。

企业内部的培训讲师是企业培训师资队伍的主体，他们能有效传播企业真正需要的知识与技能，对企业有效经验和成果进行共享和复制；同时选择优秀员工担任讲师，为其他员工职业生涯发展开辟更广阔的道路。所以，企业应注意对内部讲师的培养和激励以及制度建设问题。

外部讲师的选拔同样要遵照相应的程序，还应考虑促进外部讲师授课成果的有效转化。内外部培训师的优缺点比较如表4-2所示。

表4-2　内外部培训师的优缺点比较

	优　点	缺　点
内部培训师	1. 了解企业，培训有针对性，利于增强培训效果 2. 与学员相互熟悉，交流顺畅 3. 培训相对易于控制 4. 成本较低	1. 不易在学员中树立威望，影响学员参与度 2. 内部选择范围小，不易开发高质量的教师队伍 3. 看待问题受环境影响，不易上升高度
外部培训师	1. 选择范围大，可得到高质量培训师资 2. 可带来许多全新的理念 3. 对学员具有较大的吸引力 4. 可提高培训档次，引起企业重视 5. 容易营造气氛，获得良好的培训效果	1. 对企业缺乏了解，加大风险 2. 教师与企业及学员之间缺乏了解，可能降低培训适用性 3. 学校教师缺乏实际工作经验，易导致纸上谈兵 4. 聘用成本较高

5. 确定培训对象

一般来说，组织内需要进行培训的人员有以下三种：

（1）能够对目前工作进行改进的员工，通过培训可以让他们对自己的工作和技术有更深的了解。

（2）有能力而且组织要求他们掌握另一门技术的员工，对他们进行培训的主要目的是将他们安排在更重要、更复杂的岗位上。

（3）有潜力的员工，通过培训让他们获得更高的职位。

对培训对象进行确定之后，应该将该对象的相关信息资料罗列出来，如平均年资、教育背景、共同特质、曾参加过的培训等。

6. 确定培训内容与项目

培训内容应该为培训目的与目标服务。培训内容一定要具有科学性，不仅要对系统性和适用性进行考虑，还要对超前性进行考虑，要根据目标对象的不同和时间的不同而有所改变。

确定培训内容与项目的依据包括：以工作岗位标准为依据，以生产服务质量标准为依据，以组织的发展目标为依据。

确定培训内容与项目的分析方法包括：任务分析法、缺陷分析法、技能分析法以及目标分析法。

7. 确定培训方法

培训内容确定后，可以依据知识性课程、技能性课程、态度性课程等不同的课程，选择与之相适应的培训方法。培训方法主要包括课堂讲授法、研讨法、角色扮演法、游戏法、案例法、敏感性训练、视听法、程序指导、头脑风暴法、模拟法等。

8. 确定培训与开发预算

培训与开发预算是指在一段时间内（通常是 12 个月）培训与开发部门所需要的全部开支。培训与开发预算包含：培训场地及设施费，与培训相关人员的食宿费，培训器材、教材费，培训相关人员工资以及外聘教师讲课费，交通差旅费等。

确定培训与开发预算的方法主要有以下六种：

（1）比较预算法。参考同行业平均培训预算与同行业优秀企业培训预算，并在与本企业实际情况相结合之后再进行确定。

（2）比例确定法。对某一基准值设定一定的比率来决定培训经费预算额。如根据企业全年产品的销售额或总经费预算的一定百分比来确定培训经费预算。

（3）人均预算法。预先确定企业内部人均培训经费预算额，然后再乘以在职人员数量。

（4）推算法。根据过去培训的使用额来推算，或与上一年度对比决定预算。

（5）需求预算法。根据企业培训需求确定一定时限内必须开展的培训活动，分项计算经费，然后汇总求和。

（6）费用总额法。企业划定人力资源部门全年费用总额后，再由人力资源部门自行分配预算。

（四）编制培训计划书

1. 概念

培训计划书是关于培训计划制订结果的一份文字总结。具体包括培训项目名称、培训目的、培训进度、培训内容、培训步骤、意外控制、注意事项、策划人、日期等。

2. 作用

（1）对整个项目做一个清晰的交代，同时充分陈述项目的意义、作用和效果，简化培训程序。

（2）信息与分析结果凝结成高度浓缩的培训计划书，可为高层领导的决策提供必要的依据和便利。

（3）预先帮助管理者加深对培训项目各个环节的了解，从而做到统筹规划。

3. 编写技巧

（1）项目名称要尽可能详细地写出。

（2）应写明培训计划者所属部门、职务、姓名。团队形式则应写出团队名称、负责人、成员姓名。

（3）培训计划的目的要尽可能简明扼要，突出核心要点。

（4）培训计划书内容应在认真考虑受众的理解力和习惯的基础上详细说明，表现方式要简单明了，并且适当加入一些图表。

（5）详细阐述计划培训的预期效果与预测效果，并解释原因。

（6）对计划中出现的问题要全部列明，不应回避，并阐述计划者的看法。

（7）培训计划书是以实施为前提编制的，通常会有很多注意事项，在编写时应将它们提出来供决策者参考。

4.培训材料

培训材料指能够帮助学习者达成培训目标、满足培训需求的所有资料，具体包括课程描述、课程的具体计划、学员用书、课前阅读资料、教师教学资料包（视听材料、练习册、背景资料、电脑软件等）、小组活动的设计与说明、测试题目。

第四节　培训与开发的方法

一、员工培训的方法

对员工进行培训的方法种类很多，不同的培训类型所采用的培训方法往往是不同的。目前国内外在对培训方法进行阐述时，一般通过不同的角度或者不同的培训类型来阐述，也有按照培训内容或者培训技术、手段来进行阐述的，下面是几种培训的方法：

（一）讲座法

讲座法有时也被称为课堂教学法，是对员工进行培训的最为常用的方法之一。讲座法是培训者（教师）通过语言向受训者传授知识的一种方法，比较适合于以简单获取知识为目标的员工培训，讲座的形式是丰富多样的，有标准讲座、团体讲座、客座讲座、座谈讲座等。这种方法的优点有很多，如无论是时间还是资金，无论是人力还是物力，都是非常经济的，所需要的成本非常低，可以一次性地和系统地向很多人传授知识，对培训的进度能够进行很好的掌握和控制。当然，这种方法也存在一些缺点，如比较单调，沟通是单向性的，受训者大都是被动接受知识，参与程度也是比较低的，与实际工作环境之间的关系并不密切，实践机会是很少的。因此，这种方法并不适合于培训员工的技能。目前，这种方法一般与其他方法结合起来，作为一种辅助手段进行使用。

（二）视听教学法

视听教学法就是把所要讲授或示范的内容制作成幻灯片、电影、录像、录音等视听教材对员工进行培训。视听教学法是对人的感觉进行利用，通过视听感官上的刺激向受训者传授知识或技能，其中录像是比较常用的培训方法。这种方法的优点有很多，如视听教材能够被反复使用，能够满足学员之间的个性差异和水平不同的需求；教材内容比较接近于实际情况，能够让受训者通过感觉加深对培训内容理解，也能通过生动的图像、声音等使受训者印象深刻。视听教学法也存在一些缺点，如所需要的成本较高，视听教材的制作过程花费的时间比较长，选择合适的视听教材是不容易的，视听教材和视听场所会对受训者起到一定的限制影响。因此，视听教学法一般不进行单独使用，往往与讲座法等一起进行使用。

（三）程序教学法

程序教学法就是在培训前将培训教材的内容划分为若干个单元，在每个单元之后设置自我测验题，让受训者按照一定的顺序进行自主学习，培训者不介入，受训者要进行自主学习，并对自我测验题进行回答，培训者将会对受训者的回答给予及时反馈。受训者回答正确，就可以进行下一单元的学习；反之，则要进行重新学习。程序教学法的优点是受训者可以按照自己的能力对自己的学习进度进行自主安排，缺点是课程设计所需要的成本比较高。

二、员工培训方法的选择

（一）培训方法要与培训目标、培训内容等合理匹配

培训方法是为了有效实现培训目标而设置的手段和方法。因此，选择培训方法必须考虑培训需求、培训内容和受训者个体特征等因素。例如，从培训的实际效果看，进行专业知识培训时可以选择讲座法、试听教学法等。如果偏重于解决

问题能力等运用性技能，那么案例分析与研究法、行为模拟法等都不失为有效的方法。

（二）选择培训方法需要考虑组织资源

不同的培训方法在使用过程中所需要的费用差异很大，有些培训方法前期投入较大，如案例分析与研究法和商业游戏法等；而有些培训方法在后期的任务较多，如文件处理法。不论选择哪种培训方法，都需要考虑到组织资源是否丰富，这些资源包括培训资金、组织文化氛围、管理者态度等。

（三）将多种方法有效整合能够充分体现培训的整体效果

由于每一种培训方法都存在自身无法克服的问题，单独使用一种培训方法并不利于培训对象全面掌握所需内容。因此，有机地将几种培训方法进行整合，合理分配每种培训方法的运用顺序和比例，将会极大地调动培训对象的学习热情，同时提升培训效果。

第五节　培训与开发的效果评估

一、常见的评价培训效果信息的种类

根据对培训对象、目标等的考评要求，可以将常见的评价培训效果的信息分为：培训的及时性、培训目的设定合理与否、培训内容设置、教材选用与编辑、教师选定、培训时间选定、培训场地选定、受训群体选择、培训形式选择、培训组织与管理等。

二、培训效果信息收集的渠道

培训效果信息的收集，也可以说是培训效果的追踪。为了达到培训的目的，应对培训结果进行考评、确认，否则就会失去培训的意义。从信息的种类分析来看，要了解或采集上述信息，不外乎通过几个渠道：生产管理或计划部门、受训人员、受训人员所在岗位的管理部门和主管领导，以及培训教师等。

三、培训效果评估的指标

（一）认知成果

受训者对培训项目中强调的原理、事实、技术、程序或过程的熟悉程度的高低可以用认知成果来衡量，认知成果能够检验受训者在培训中所学的内容，一般通过笔试的方式对认知结果进行评估。

（二）技能成果

技能成果能够对技术或运动技能及行为方式的水平进行评估，主要包括两方面的内容，一方面是技能的获得与学习，也就是技能学习；另一方面是技能在工作中的应用，也就是技能转换。对受训者掌握技能水平的情况可以利用观察工作抽样中的绩效方法进行评估。

（三）情感成果

情感成果由态度和动机在内的成果构成。对受训者在培训项目中的反应进行了解是对情感成果进行评估的重要途径。反应是受训者对培训项目在感性上的认识，包括对设施、培训教师和培训内容的感觉。受训者对培训项目的这些感觉一般是在培训课程结束时收集的，这些反应能够帮助受训者明确自己的想法，也能够帮助他们对培训内容进行很好的学习。

对情感成果进行评估还需要收集一些情感因素，如对多样化的忍耐力、学习动机、安全态度和顾客服务定位。可以通过调查的方式对情感成果进行衡量。

（四）绩效成果

绩效成果同时可以用来对公司为培训计划所支付的费用进行决策。员工流动率或者事故发生率下降之后会导致成本降低，这属于绩效成果的一部分。除此之外，产量的提高、产品质量或顾客服务水平的改善也属于绩效成果。

（五）投资回报率

投资回报率是指培训的货币收益和培训成本的比较。培训成本包括直接成本和间接成本，收益指公司从培训中获得的价值。

四、培训效果评估的作用

在每次培训结束之后，一般会对培训效果进行一次总结性的评估或检查，从而检验受训者的学习成果并且发现有待提高的地方。

对培训效果进行评估是整个培训流程的最后一个环节，培训效果评估不仅是对整个培训活动实施成效的评价和总结，还是之后开展培训活动的重要依据，为下个培训活动的培训需求的确定提供了重要的信息。我们可以通过运用科学的方法和程序从而获取培训活动的系统信息，在此前提下，培训效果评估能够帮助企业决策者做出正确而科学的决策，让培训项目的管理水平得到了提高，使培训活动目标的实现得到了保障。

培训效果评估是整个培训系统的重要组成部分，缺一不可。如果没有培训效果评估，那么整个培训系统就是不完整的。完整的培训系统模型应该先从分析组织、工作和个人三方面内容入手，对培训需求进行确定；之后要确定培训目标，对培训的对象、内容、时间和方法等进行确定；再之后就是拟定培训计划，这是对培训目标所进行的具体化操作；再之后是培训活动的实施；最后就是对培训效果进行评估。评估过程中，要总结整个培训项目的成本收益或存在的问题，这有效促进了下次培训项目的开展和内容的改进。

培训过程是一个具有系统性的循环过程。培训效果评估是这个循环过程中非常重要的一个环节，是一个独立的核心部分，属于整个培训系统的一部分，培训效果评估并不是孤立的，许多其他子系统的变化均受到培训效果评估的影响。培训效果评估对整个培训系统发挥着极其重要的作用，促进了其他环节的进行和发展。

企业培训与学校教育是不同的。学校教育是一种文化活动，主要是为了提高全民的文化素质，并没有要求立即获得现实的经济利益。但是，企业培训一般是由企业自身承担的，需要消费企业的稀缺资源。培训效果评估能够反映出培训对于企业的作用，同时也充分体现出人力资源部门在组织中的重要作用。特别是在评估中采用一些定量指标进行分析，能够让组织中的每个员工和管理者看到培训投资的有效性，证明培训投资决策的正确性。提高组织管理者对培训的重视，加大对培训的投入。

第五章 多维视角下绩效管理

绩效管理是人力资源管理过程中最重要的环节之一，也是组织强有力的管理手段之一。员工工作的好坏、绩效的高低直接影响企业的整体绩效。本章分为绩效管理的基础认知、绩效管理的过程、绩效考核的方法、绩效考核的沟通与改进、多维视角下探讨创新绩效指标评价体系。

第一节 绩效管理的基础认知

一、绩效的含义和特点

（一）绩效的含义

绩效是一种管理学概念，指成绩与成效的综合，是一定时期内的工作行为、方式、结果及其产生的客观影响。绩效可以分为两种，一种是组织绩效，另一种是员工绩效。组织绩效包括一个组织为了达到一定的目标所完成的各种任务的数量、质量及效率等。员工绩效包括员工的工作效果、业绩、贡献等。绩效反映了员工知识、能力、态度等综合素质，是组织对员工的最终期望。

绩效不仅能够反映员工工作行为和工作结果，还能反映员工的内在素质和潜能，主要体现在三个方面：

（1）工作效果主要指工作活动所实现的预定目标的程度。工作效果涉及工作的结果。

（2）工作效率包括组织效率、管理效率、作业效率等。工作效率涉及工作的行为方式，是衡量投入大于产出，还是投入小于产出的依据。

（3）工作效益包括工作中所取得的经济效益、社会效益、时间效益等。

（二）绩效的特点

人力资源管理中的绩效指的是员工或部门的绩效，在这里我们主要分析员工绩效。员工绩效具有多因性、多维性和动态性三大特点。

1. 多因性

绩效的多因性是指绩效的优劣不仅受某一个因素的作用，而且受到多种因素的共同影响，是员工个人因素和工作环境共同作用的结果。所以绩效的相关因素，对正确设计和实施绩效管理有着重要的作用，这些因素主要包括：工作技能、员工的知识水平、工作态度和工作环境等。可以用下面的公式来表示：

$p=f(S,K,A,E)$

其中：P（Performance）代表绩效，S（Skills）代表工作技能，K（Knowledge）代表知识水平，A（Attitude）代表工作态度，E（Environment）代表工作环境。

（1）员工的知识水平与其绩效的优劣之间有着密切的关系，如果员工有较高的知识水平，那么他们通常能够取得较好的工作绩效。

（2）员工的工作技能指的是员工的技巧和能力，员工如果具有较高的技能，一般就能取得卓越的工作成绩。员工的知识水平、智力、工作经历和受教育程度对员工的工作技能发挥起到决定性作用。在一个组织中，不同的员工，他们所拥有的技能也是不同的。

（3）员工的工作态度是指员工的工作积极性和工作热情，主要体现在工作过程中员工主观能动性的发挥上。在其他条件相同的前提下，员工如果在工作上抱有积极的热情，那么员工一般能够取得较好的工作绩效。员工的工作态度取决于主观和客观两方面的因素。主观方面的因素有员工的需要、兴趣、受教育程度和价值观等。客观方面的因素有组织内人际关系、工作本身的挑战性、组织文化和竞争环境等。

（4）工作环境包括组织内外环境。组织内的工作环境由工作条件、企业文化和人际关系等构成。组织外的工作环境包括社会风气、政治形势和经济形势。

多因性的另一个说法是，绩效的优劣受主客观多种因素影响，即员工的激励、技能、环境与机会，前两者是员工自身的主观影响因素，后两者则是客观性影响因素。

2. 多维性

员工的工作绩效可以从多方面或多角度表现出来，工作绩效是工作态度、工作能力和工作结果的综合反映。员工的工作态度取决于对工作的认知态度及为此付出的努力程度，主要表现为工作干劲、工作热情和忠于职守等，是工作能力转换为工作结果的媒介，直接影响着工作结果的形成。员工的工作能力是绩效的本质来源，没有工作能力就无所谓工作绩效。工作能力主要体现在常识、知识、技能、技术和工作经验等几个方面。工作结果以工作数量、质量、消耗的原材料、能源的多少等形式表现出来。绩效的多维性决定了考评员工时必须从多个侧面进行考评才能对绩效做出合理的评价。

3. 动态性

绩效的动态性是指绩效往往处于动态的变化中，同一个员工不同时期的绩效可能是不同的。我们经常可以看到，原本绩效比较差的员工在经过适当的积极教育、引导和激励之后，通过努力工作最后会取得较好的工作绩效；而原本工作绩效较好的员工，在没有接受适当激励的情况下，会在工作上有所懈怠，从而使自己的工作绩效变得非常差。绩效的动态性要求我们要用发展和一分为二的观点对员工进行绩效考评。

二、影响绩效的主要因素与绩效诊断

（一）影响因素

绩效的影响因素具有多面性。如图 5-1 所示，是影响绩效的四个主要因素。

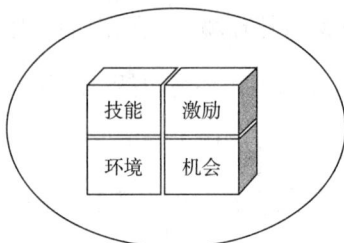

图 5-1 影响绩效的主要因素

技能指的是员工的工作技巧和能力水平。一般来说，影响员工技能的主要因素有天赋、智力、经历、教育、培训等。因此，员工的技能并不是固定不变的，组织可以通过各种方式让员工的整体技能水平得到提高。一方面，可以在招聘录用阶段进行科学的甄选；另一方面，可以通过个性化的培训或者让员工进行主动学习使员工的工作技能得到提高，从而提高员工的组织技术水平，让组织绩效产生积极影响。

激励主要是通过提高员工的工作积极性来发挥作用。为了让激励手段的作用得到真正发挥，组织在选择激励手段和方式的过程中，应该充分考虑员工个人的需求、个性等因素。

对工作绩效产生影响的环境因素可以分为两类，一类是组织内部环境因素，包括劳动场所的布局和物理条件，工作设计的质量及工作任务的性质，工具、设备以及原材料的供应，公司的组织结构和政策，工资福利水平，培训机会，企业文化和组织气氛等；另一类是组织外部环境因素，包括社会政治经济状况、市场的竞争强度等。这两种因素都会在一定程度上对员工的工作行为和工作态度造成影响，进而对员工的绩效产生影响。

与上面三种因素相比，机会是一种偶然性的因素。机会对组织的创新和变革起到促进作用，能够为员工的学习、成长和发展提供有利的条件。如果员工在特定情况下能够获得机会来完成特定的工作任务，那么员工可以实现在原有职位上无法实现的工作绩效。组织在发展过程中，需要不断拓展新的发展领域，而机会能够对其起到极大的促进作用，能够让组织的绩效得到快速提升，因此，机会对组织和个人的绩效都会起到至关重要的作用。

（二）绩效诊断

绩效诊断是指管理者通过绩效评价，判断组织不同层面的绩效水平，识别低绩效的征兆，探寻导致低绩效的原因，找出可能妨碍评价对象实现绩效目标的问题所在。对低绩效员工可以从以下三个角度进行绩效诊断：一是员工个人的因素，包括知识、技能和态度等，可能具体表现为从事工作所需的知识和技能不足，缺乏工作动机，工作积极性不高等；二是管理者的因素，比如指令不清楚，目标不明确，缺乏必要的指导等；三是环境因素，比如战略不清晰，流程不顺畅，文化冲突等。绩效诊断对于组织而言非常重要，可以及时发现问题并采取相应措施，在改进员工个人绩效的同时，促进群体和组织绩效水平的提高，从而持续提高整个组织的人力资源素质、增强组织的核心竞争力。因此，绩效诊断对于组织中的各级管理者来说，既是必备的技能，更是应承担的责任。

三、绩效管理的含义与基本特征

（一）绩效管理的含义

绩效管理是在管理者和员工达成一致协议的前提下，对管理实施的一个沟通过程，这个过程是动态发展的，主要是为了对员工进行激励，让他们的工作业绩得到持续改进，从而实现组织战略和个人的目标。绩效管理就是为了实现一系列中长期的组织目标对员工所进行的管理。随着社会和经济的快速发展，人们越来越重视人力资源管理理论和实践研究，绩效管理在组织中得到了前所未有的重视。对于多数组织来说，绩效考评是绩效管理的首要目标。但是，组织中绩效考评的实施并没有达到理想的效果，并没有将员工的工作积极性充分激发出来，也没有很好地改善企业的绩效问题。对造成这些问题的原因进行分析，主要是因为人们一般对绩效考评有所了解，但是并不了解绩效管理，我们应该清晰地认识到，绩效考评和绩效管理之间是不相等的，是有区别的。如图 5-2 所示，是绩效管理系统的过程。

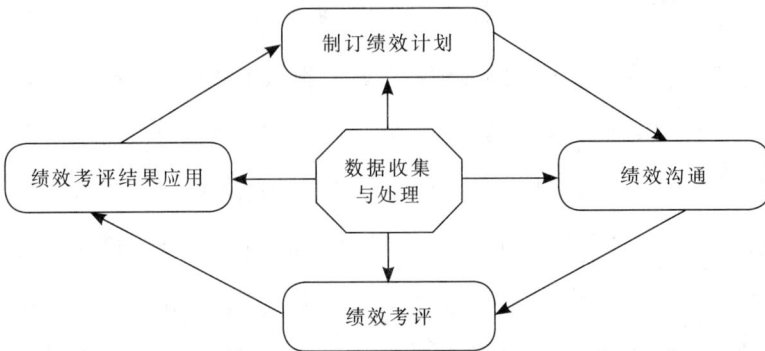

图 5-2　绩效管理系统过程

（二）绩效管理的基本特征

专门的绩效管理人员通过运用人力资源管理的知识、技术和方法与员工一起进行的基本环节有绩效计划、绩效沟通、绩效考评、绩效结果应用等。绩效管理的基本特征主要体现在以下几方面：

第一，组织一般会有一定的预定目标，绩效管理的目的是有效实现这些目标。实施绩效管理主要是为了最大限度地让组织的管理效率和组织资源的利用效率得到提高，从而让组织绩效得到不断提升，最终有效实现组织预定目标。

第二，绩效管理主体是对人力资源知识、专门技术和手段有很好掌握的绩效管理人员，这些人员推动了员工的绩效管理，然后在员工身上进行落实，最后在每一位员工的具体实践操作中实现。由此可知，绩效管理的主体不仅包括绩效管理人员，还包括参与绩效管理的每一位员工。

第三，绩效管理的核心是让组织绩效得到提高，它主要是依据如何让组织绩效得到提高进行展开的，其中所采取的任何措施都是为组织绩效的持续改进服务的。绩效管理将员工的工作表现作为中心，对个人和组织目标的达成部分进行考察。

第四，绩效管理是一个综合过程，包括了多阶段、多项目标，绩效管理是一套完整的"P—D—C—A"循环体系，也就是计划（Plan）、实施（Do）、检查（Check）、调整（Adjust）四个过程的循环。在绩效管理落实之后就是由绩效计划制订、动态持续的绩效沟通、绩效实施、绩效考评、绩效结果运用等环节所构成的循环。

第五，绩效管理将目标作为导向，企业在制定战略目标之后，要对其进行层次分解，通过诊断分析员工的工作表现和业绩，对员工在组织中的行为进行改善，将员工的潜能和积极性充分发挥出来，从而提高员工和企业的工作绩效，让企业的各项目标更好地得到实现。绩效管理中比较突出的是过程管理，主要是改善员工的行为，对员工进行有计划的双向沟通的培训辅导，从而让员工的绩效得到有效提高，最终让部门绩效和企业整体绩效得到有效提高。对企业来说，绩效管理是一项管理制度；对管理者来说，绩效管理是管理技能和理念。在企业进行生产经营的过程中，绩效管理是一项始终贯穿在各级管理者管理工作之中的基本活动。

第二节　绩效管理的过程

绩效管理具有多个环节和多项目标，是一个综合的循环过程，绩效管理的各个环节之间存在着密切的关系，并且各个环节也在不断地进行着循环，从而形成了一个持续的过程。绩效管理的基本流程一般包含六步：绩效计划、绩效辅导、绩效考评、绩效反馈、绩效改进、绩效结果的应用。

一、绩效计划

在绩效管理中，绩效计划是第一个环节，也是整个绩效管理的起点。对于一个组织来说，想要实现预期的战略目标，就必须将战略目标分解成具体的任务或者目标，再在各个岗位上进行落实；之后再对各个岗位的职位、工作、人员任职资格等进行分析。完成这些步骤之后，各个部门的管理人员应该与员工共同针对本岗位的工作目标和工作职责对绩效计划进行明确，并对员工应该完成的工作、工作的完成程度、工作如何进行、工作完成的时间、资源的分配等，进行深入讨论。由此可以看出，这个阶段需要管理者和员工共同参与，这是制订绩效计划的基础。运用协作的方式制订绩效计划，这样不仅可以让员工认可这个绩效计划，还能让绩效计划得到有效实施。

在整个绩效管理体系中，制订绩效计划是最为重要的一个环节。被评估者和评估者对所要实现的工作绩效进行有效沟通，并将沟通的结果通过正式的书面协议的形式加以落实，也就是制订书面的绩效计划和评估表，对双方的责任和权利进行明确，这是双方的内部协议。绩效计划的设计应该先从公司的最高层开始，将绩效目标进行层层分解，分解到各级子公司及部门，最终在员工个人身上落实。对各个子公司来说，这个过程是制订经营业绩计划的过程；对员工来说，是制订绩效计划的过程。我们可以从以下几方面对绩效计划进行更深入的理解。

组织在进行绩效管理的过程中，需将绩效计划与绩效指标作为基础和依据。绩效计划是进行绩效管理的首要环节，是由部门主管和员工共同制定的绩效契约，是部门主管和员工在绩效管理结束时在员工达到的期望结果上所达成的共识，这些期望的结果主要体现在绩效的指标上。

在制订绩效计划时，应该在充分考虑组织实际情况和各部门的具体工作情况下，将年度总体目标进行层层分解，分解到各个部门，从而确立各部门的年度目标。

绩效计划的形成一般需要经过上下级相互沟通、交流，因此，在沟通交流之前，相关部门应该先向分管领导提供必要的信息和背景资料。在对绩效计划进行编制的过程中，各个部门应该在每月的固定时间召开例会，各部门可以在会议上与本部门的主管进行沟通，由主管提出反馈意见，初步确定计划。一般情况下，不对沟通的方式进行规定，由各部门自己决定。分管主任对各类计划进行审定和确认之后，统一由综合科对月度工作计划进行汇总和下发，并向办公室人事部汇报月度重点工作。

在对工作目标、关键绩效指标和标准进行明确时，应该遵循目标管理原则（SMART）：

明确具体的原则（Specific）：所确定的工作目标必须是明确和具体的。所谓具体指的是责任人的工作职责和与部门职能相对应的工作；所谓准确指的是目标的工作量、达成日期、责任人等应该事先进行明确。

可衡量的原则（Measurable）：绩效目标应是数量化或行为化的，验证指标的数据或信息是可获得的。

可获得的原则（Allainable）：在付出努力的情况下，绩效指标是可以实现的，应该避免所设立的目标过高或过低。

现实可行的原则（Realistic）：在现有条件下是可行的，现有条件包括现实的物力和人力、个人的学习能力和身体能力、可利用的资源等。

有时间限制的原则（Time-bound）：计划中必须含有时间限制，要注意完成绩效指标的特定期限。

二、绩效辅导

绩效辅导是指员工在完成工作目标的过程中，管理人员为其提供一定的辅导，帮助员工有效改进工作，及时纠正员工对工作目标的偏离行为，对员工的正面行为进行积极激励，对员工的工作目标和计划进行实时跟踪和修改。

绩效辅导是一个中间环节，它将绩效目标和绩效评估连接起来，同时也是绩效管理循环中耗时最长的环节，更是绩效管理循环中最为关键的一个环节，这个环节对管理者的管理水平和领导艺术进行了很好的体现。绩效辅导这个环节对员工与主管人员的共同参与性进行了强调。除此之外，也对员工与主管之间的伙伴关系进行了强调，这个环节需要员工和主管共同完成绩效目标。总之，绩效辅导的好坏对绩效管理工作的成败起到了一定的作用。想要将绩效辅导更好地完成，就应该做到两方面的工作，一方面是要进行持续不断的绩效沟通，另一方面是做好数据收集和数据记录的工作。具体的步骤如下：

（1）对员工的绩效和行为进行观察和了解，在让员工了解自己的绩效情况的同时，给予一定的反馈；或者可以要求员工对自己的工作行为进行改进，也可以给予员工一定的激励，从而让员工保持较高的绩效。

（2）要寻找员工绩效中存在的问题，如果员工绩效没有得到改善，就要对其中的原因进行探究，同时对员工提出要求，协助员工改变自己的工作行为，同时管理者要根据具体需要给予员工一定的帮助。

（3）教导分析方法的运用。管理者可以利用教导分析的方式将员工的绩效没有改善的原因找出来，帮助员工克服障碍。

（4）对计划进行改善，和员工一起找到改善绩效的方法，并帮助员工找出问题所在；对绩效的流程进行改进，然后在对这些流程方法进行确认，后将其固定下来，要用长远的眼光来看待员工的绩效。

三、绩效考评

绩效考评是通过事前确定的工作目标和衡量标准对员工的实际绩效情况进行考察的过程。绩效考评工作具有很强的技术性，包括拟订和审核考评指标、选择和设计考评方法、培训考评人员等内容。

四、绩效反馈

绩效反馈指的是在绩效评估之后主管人员为了让员工对自身的绩效水平有所了解而进行的各种绩效管理手段和过程。绩效管理的核心目的是让员工和组织的绩效水平不断得到提高。绩效反馈是绩效管理过程中的一个重要环节。绩效反馈主要通过考核者与被考核者之间就被考核者在考核周期内的绩效情况进行面谈，将绩效考核结果告诉被考核者并让其确认，在肯定成绩的同时，找出工作中的不足并加以改进，双方共同制订改进的目标与计划。

由于绩效反馈是在绩效考核结束后实施，而且是考核者和被考核者之间的直接对话，因此有效的绩效反馈对绩效管理起着至关重要的作用。有效的反馈可以使员工认识到自己的潜能，从而知道如何发展自我。绩效反馈的另一个重要作用是可以促使考评者认真对待考核工作，而不是仅凭个人的好恶来进行考核。

五、绩效改进

在绩效管理过程中，绩效改进也是一个非常重要的环节。传统的绩效考评主要是为了评估员工的业绩。而绩效管理的目标不仅是如此，让员工的能力得到不断提升，员工的绩效得到不断改进，这才是绩效管理的最终目的。因此，绩效改进工作的成败对绩效管理作用的发挥起到了至关重要的作用。

对员工业绩的考核，不仅是发现问题、解决问题，更重要的是让员工有一种持续改进绩效的信心。尽管绩效考核突出的是"业绩"，是以"事"为中心。但是，如何从"就事论事"转变到"论事励人"，这是最值得关注的问题。一个有效的做法就是和员工一起制订绩效改进计划书。

绩效改进计划书是指根据员工有待发展提高的方面所制订的一定时期内有关工作绩效或工作能力改进和提高的系统计划。通常，在绩效反馈面谈过程中双方就已确定了下一阶段改进的重点和计划，在这里主要是对存在的问题提出针对性的措施，包括具体的改进措施、建议接受的培训内容，例如参加在职培训、自我学习、他人帮助改进等。在可能的情况下，还应该针对特殊问题提出分阶段的改进意见，帮助员工有步骤地提高绩效。同时，还应该明确责任部门和责任人，以便更好地帮助员工并跟踪其改进的效果。绩效改进计划书还应该有明确、清晰的改进之后的绩效目标等。

六、绩效结果的应用

绩效评估本身不是目的，而是一种手段，应该重视考核结果的运用。它是考评目标达成的过程，同时也是检验考评活动有效性的一块试金石。考核结果的运用可以从以下几个方面来考虑：

1. 绩效考核结果应用于利益分配

绩效考核结果必须与薪酬等激励机制挂钩才能体现其价值。如何根据员工的绩效考核结果确定合理的薪酬奖励，是保证绩效考核激励作用的主要手段和核心问题。薪酬调整主要体现对员工长期地激励。这表现在两个方面：一是考核用于年度薪酬额度的调整；二是薪酬的定期调整。绩效考核结果用于奖金分配体现了对员工的短期激励。业绩的考核结果为年度奖金的确定提供了很好的依据。

2. 绩效考核结果应用于职位管理、岗位调整

连续的考核结果记录用于职位调整和职级调整，为职务晋升和选拔提供了依

据。通过对员工在一定时期的连续绩效的分析，调整培养计划，选择出连续绩效比较好和稳定的人员，并将其纳入调整和晋升名单。

通过分析累积考核结果的记录，发现员工工作表现与其职位的不适应问题，查找原因并及时进行岗位调整。无论是哪一种的人岗不适都应该有组织、有计划地将其置换到新的岗位，真正做到人适其事，事得其人，人岗相宜。

3. 绩效考核结果应用于员工培养

企业的培训开发活动并不是盲目的，而是一种有明确目标的活动。这种目标的确定主要有两个依据：一是工作分析的结果；二是员工绩效评估的结果。通过分析累积考核结果的记录，发现员工群体或个体与组织要求的差距，通过绩效评估我们会发现员工身上存在的不足之处，从而设计出有针对性的员工培训计划。同时，还能发现员工在特定方面的需要，实现适才适所，才尽所用，在实现组织目标的同时，帮助员工发展和实现他们的职业生涯规划。

4. 考核与组织调整

绩效考评的结果为组织提供了总体人力资源质量优劣程度的确切数据，获得了包括组织结构调整、部门设置、人员配置等组织优化和发展的依据，也为组织未来制订人力资源规划提供了参考。

总之，绩效评估的结果可以应用在诸多方面。一个有效的绩效管理，无论对组织还是对员工本人，它的益处都是显而易见的。

第三节　绩效考核的方法

绩效考评的方法有很多种，企业要根据实际需要来进行选择。比较具有代表性的考评方法有如下几种：

一、民意测验法

民意测验法是最为传统的评价方法之一。这种方法的使用通常遵循以下步骤：

第一步，确定考评内容；第二步，将考评内容分成若干项；第三步，根据各项考评内容设计考评表，对每一考评项目可设定相应等级；第四步，由被考评者述职，做出自我评价；第五步，由参评人员填写考评表；第六步，计算每个被考评者得分的平均值，以此确定被考评者所处等级。

在一般情况下，参加民意测验的多为被考评者的同事、直属下级和与被考评者发生工作关系的有关人员。民意测验法具有较好的群众性和民主性，但是，由于参加考评员工的素质有局限，会使考评结果产生较大偏差。因此，这种方法通常可以作为其他方法的辅助和参考。

二、短文法

短文法指的是在考评中所采用的一种简短的书面鉴定的方法。书面鉴定一般涉及被考评者的成绩和长处、不足和缺点、潜在能力、改进意见和培养方法等方面。这种方法是一种比较传统的考评方法，并且我国很多企业在很长一段时间里广泛运用了这种方法。

短文法属于一种主观判断型的定性考评方法。这种方法只是从总体上对被考评者进行考评，并没有考虑考评维度，也没有涉及具体的考评标准和量化指标。因此，这种方法操作起来是比较灵活和简便的，考评者也可以考评被考评者的特点，针对性比较强。但是，这种方法缺乏具体的考评标准，很难进行相互对比，并且考评人员带有强烈的主观性，由此带来的偏差也是比较大的，因此这种方法一般不单独使用，往往与其他方法进行配合使用。

三、关键事件法

关键事件法是一种对直接影响工作绩效优劣的关键性行为进行汇总的方法。关键事件指的是员工在工作中对本部门或企业所做出的具有重大影响的行为，这种影响不仅包含积极影响，还包含消极影响。这种考评方法要求管理者将员工在工作中所做出的非常好的行为和非常坏的行为记录下来，然后在一定的期限内，主管人员与下属进行一次沟通交流，针对所记录下来的内容对员工的工作绩效进行评估。

关键事件法与其他评价方法一起使用时，往往能够对其他方法起到很好的补充作用。这种方法具有以下优点：首先，所记录的关键事件能够为考评者向被考评者解释绩效结果提供了确切的依据。其次，这种方法可以保证对员工的考评是根据员工在整个考察周期内的工作表现进行的，而不是员工的近期表现，这样可以减少近因效应所造成的考评偏差。最后，这种方法可以让管理者获得一份员工的实际记录，从而对员工进行公平公正的考评。

但是，这种方法在实施过程中也存在不足的地方。最为显著的一点就是管理人员可能会漏记一些关键事件。在多数情况下，管理人员在开始的时候会认真地对每一个关键事件进行真实记录，但是随着时间的加长，可能会由于失去兴趣或者工作繁忙等而没有及时对员工的关键事件进行记录，等到考评期限将要结束的时候再去补充记录，这样，可能会有一些遗漏或者夸大近期效应所带来的偏差，员工也可能会对管理人员产生误会，认为管理人员会编造一些事实来支持他们的观点。

第四节　绩效考核的沟通与改进

绩效考评工作进行完毕之后，并不意味着绩效管理工作就完成了。作为一个部门的主管，要及时地把绩效考评的结果向员工反馈，让每一个员工明确自身的优点并继续保持，同时，让每一个员工明确自身的缺点并加以更正，这仍旧需要主管人员帮助员工完成这一任务，其具体目的就是通过绩效反馈和沟通来实现的。

一、考核沟通、反馈与改进的理论基础

（一）绩效反馈的含义

绩效反馈指的是为了让员工提升自身的绩效水平从而采用的各种绩效管理手段。绩效反馈是进行绩效沟通所采用的主要形式。与此同时，管理者与员工之间进行有效沟通是绩效反馈最重要的实现手段。

（二）考核沟通、反馈与改进的理论基础——反馈干涉理论

绩效考核沟通的主要目的有两方面，一方面是为了让员工对自己考核结果背后的原因有所了解，从而增加管理者与员工之间的共识，减少彼此之间的误解和猜疑；另一方面，对员工的绩效进行改善，为员工的发展提供一些建议，这是绩效考核沟通最为重要的一个目的。反馈干涉理论能够为绩效考核沟通的有效性提供保障。反馈干涉理论认为，要想让员工的绩效得到有效提高，需要满足以下五个基本假定条件：

（1）反馈结果和一个目标或标准的比较对员工的行为调整起到决定性的作用。

（2）目标或标准是分层次的。

（3）员工的注意力不是无限的，而是有限的，因此，只有反馈的内容与标准之间存在差距，才能引起他们的注意，从而调整他们的行为。

（4）注意力通常被导向层级的趋中层次。

（5）反馈干涉对注意力的存在进行了改变，从而对行为产生了影响。

上述理论中谈到的"层次"的概念，对于理解员工工作中的行为及其对考核结果的反映很有帮助。这里所说的层次，是认知心理学上的概念，它反映了人们对于工作中个人努力目标及绩效改进措施中的努力方向。对于层次的具体内容，有很多学者有不同的看法。我们采用一种比较简单的三个层次的观点来分析对绩效考核沟通的启示。

第一个层次是总体任务过程的层次，或称自我层次。在这个层次上，员工关心的问题是："我做的工作，怎样能够为组织发展做出贡献？""我在组织中的位置是什么？""我对自己的要求是否合适？"等。

第二个层次是任务动机层次，或称任务层次。它使员工关心其所执行的工作任务本身。员工考虑的将是："这项任务到底该怎么做？""我在这项任务中的表现如何？""能不能有更好的办法来做这件事？"

第三个层次是最低的层次，为任务学习层次。它关注工作执行过程中的细节和员工的具体行动。比如，一个关注任务学习层次的秘书被上级告知她在接电话

方面的态度需要改进时，她会追问："我哪句话说得不合适？"，"你说我该怎么说话？"，"我说话就是这个语气怎么办？"。

一般情况下，管理者应该对高层次的员工给予一定的关注，通过绩效考核沟通对他们进行鼓励，从而让他们以更好的状态面对工作，将工作做得更好，也要帮助他们对自己的定位和未来发展进行深入分析，而具体采取何种让他们的绩效得到有效提高的手段可以让他们自己选择。我们不仅要关注高层次的员工，对于低层次的员工，管理者也要给予一定的关注。对于低层次的员工来说，上级人员对他们进行手把手的教导，才能让他们的绩效得到有效提高。这时，就需要上级与下属一起学习公司的规定和规范，对影响绩效考核结果的工作因素进行仔细的分析，这样能够帮助低层次的员工对自己的绩效考核结果有清晰的了解，从而改进自己的工作，让自己的绩效得到有效提高。

二、绩效反馈与沟通的目的

主管在对员工的绩效情况进行评估之后，必须与员工进行沟通。这个环节是极其重要的。绩效管理的核心目的就是让员工和组织的绩效水平得到不断提高，让员工的技能水平得到有效提升。绩效反馈和沟通对实现这个目的发挥了极其重要的作用。通过绩效反馈沟通能够达到的目的有以下几方面：

（一）对绩效评估的结果达成共识

绩效评估在一定程度上带有主观性，即使是客观性地对指标进行评估，也会在一定程度上出现对采集客观数据的手段是否认同的问题。因此，面对同样的行为表现，对于评估者和被评估者来说，他们的立场和角色是不同的，所给出的评估往往也是不同的。因此，双方对于评估结果的认同也有所不同，这需要经过一个过程。对于评估结果，双方要达成共识，这样能够帮助双方更好地判断被评估者的绩效表现。

（二）让员工认识到本绩效期内自己取得的进步和存在的缺点

每个人都需要被认可，员工所做出的成就需要得到主管的认可，这能够激励员工更好地工作。员工在做出成就的同时，绩效中也会存在一些不足，或者也想要维持现有的绩效和进一步改善现有的绩效。一般情况下，员工时刻关注着自己的成绩和绩效结果，与此同时，也希望得到别人的指导，指出自己需要改进的地方。通过评估反馈，主管和员工能够共同对员工绩效不足的原因进行分析，从而将双方需要进一步改进的地方准确地找出来，让员工的绩效得到更好的改善。

（三）制订绩效改进计划

对于评估结果，管理者和员工对其达成共识之后，双方应该对沟通过程中提出的各种绩效问题制订一个比较详细的书面绩效改进计划。在这个计划中，双方可以共同对需要改进的问题进行确认，明确问题解决的途径、步骤以及员工需要在哪些方面得到管理者的帮助等。

（四）协商下一绩效管理周期的绩效目标和绩效标准

绩效管理的过程是一个循环的过程，当一个绩效周期结束的时候，正好是下一个周期开始的时候。因此，上一个绩效管理周期的绩效反馈和沟通能够与下一个绩效周期的绩效计划沟通进行合并，共同进行。

三、绩效反馈与沟通的原则

当主管和员工关于反馈沟通的资料均准备完毕以后，主管和员工按照原计划在预定的时间和地点，就可以遵循科学的原则，有效地实施反馈和沟通。一般来讲，在绩效考核反馈与沟通时应遵循的原则有以下几条：

（1）在沟通过程中营造一种双方信赖的氛围。首先，选择恰当的沟通地点是非常重要的，这个地点应该是一个能够让双方都能感到轻松的场合。最好不要有其他的噪音，也不要有第三者的存在，双方在轻松的状态下进行沟通。在沟通的过程中，主管的言语和动作要让双方的沟通顺利进行，要让员工能够在无拘无束的状态下坦诚地表达出自己的意见，这是非常重要的。双方在沟通过程中喝一杯咖啡或者红茶，能够在双方之间制造出一种良好的氛围。在沟通时，一定要运用一些称赞和鼓励的语言将双方的局面打开，这样营造出来的氛围是轻松、热情、愉快及友好的，能够让双方进行愉快的沟通。

（2）要让员工清楚此次沟通的目的，可以通过积极的文字来明确此次面谈的目的，这样能够将被评估者心中的疑虑消除掉。

（3）在沟通过程中，主管应该时刻关注员工所说的内容，因为主管之前了解的情况并不一定是真实的。要提高下属参与的积极主动性，这样有利于双方在一些问题上迅速达成共识，也能够很好地帮助主管及时了解下属的思想动态。

（4）要倾听员工的心声，以员工为中心，将注意力集中在员工身上，倾听不仅是对员工所表示出的尊重，也是营造良好氛围、建立双方信赖、准确把握问题的关键所在。

（5）在沟通过程中，员工往往展现出一种自卫心理，这是他们的本能，这会使他们对不愿意听的信息产生一种抗拒心理，甚至可能会因此与主管发生冲突，这时，如果主管想通过自己的领导权威来强行解决此次冲突的话，在很大程度上会付出非常大的代价。这会将员工与管理者之间建立的信赖关系打破，让双方之后的沟通很难开诚布公地进行。

（6）绩效管理的核心是提升未来的绩效，不是将重点放在过去。双方只有在共同关注未来的情况下，才能让员工真正地参与到绩效管理之中，绩效管理具有重要的激励意义。

（7）在绩效反馈沟通过程中，双方应该就工作绩效问题进行一定的讨论和评估，是对工作中的事实表现进行讨论和评估，不是对员工个人的性格进行讨论。在评估绩效中，不能将员工个人的性格特点作为依据；在对员工的主要优点和不足进行讨论时，可以在一定程度上对员工的某些性格特征进行讨论，但是，应该注意所谈到的性格特征必须与员工的工作绩效相关。

（8）沟通的目的是改进和提高未来的绩效，改进的内容包括下一阶段绩效目标的确定以及与员工订立发展目标。

（9）在沟通过程中，如果遇到下面情况中的任何一种都要马上停止沟通：双方之间的信任瓦解了，部属或主管需要马上前往某个地方，下班时间到了，面有倦容等。这时，如果预定的目标在沟通结束之前并未达成，也要等待下次沟通再将预定目标达成。

（10）员工离开时，要让员工满怀积极的信念，不要让员工带着消极的、不满的情绪离开。

第五节 多维视角下探讨创新绩效指标评价体系

一、创新绩效指标评价体系的研究历程

在国家、产业和企业成长和发展的过程中，创新是主要的推动力，创新绩效则是对创新活动进行衡量的重要指标，能够将组织创新活动的优劣程度直接反馈出来。

在现代管理及经济学领域中，国内外学者逐渐在创新绩效的研究上投入了更多的关注。1957年，法雷尔（Farrell）首先提出了技术效率的概念，可以将此看为创新绩效的雏形。之后，随着对创新绩效的研究，创新绩效的概念在一定程度上可以进行度量，并且能够产生一定的实际效益，是一种创新活动的产出结果。之后，各国专家在创新绩效指标评价系统上投入了大量的研究，也取得了一定的成绩。如表5-1所示，是部分国内外学者对创新绩效评价体系所做的贡献。

表5-1 部分国内外学者对创新绩效评价体系所做的贡献一览表

年 份	组织或学者	对创新绩效评价体系的主要贡献
20世纪80年代	CIS（OECD）	积极推进创新绩效指标体系的建立，推出指导手册
1987	Rinholn&Boag	创新绩效指标涵盖新产品从开发到上市的整个过程
1993	Dnicker	从企业层面提出创新绩效是所有创新元素的组合的过程
2000	W J. Mcglegart	从国家层面上赋予创新绩效内涵
2000	Roberto Badile	从区域经济效益角度出发，涉及指标：地区的发展、地区经济的增长
2000	Banca Poti	创新网络以及相关组织机构的交互作用能够促进企业获得更好的创新绩效

年　份	组织或学者	对创新绩效评价体系的主要贡献
2000	张仲英	在投入与产出两方面设计了创新投入和产出的各项经济和技术指标，较早提出了投入与产出效率的概念
2002	单红梅	提出创新绩效由多项一级指标组成，包含经济效益和社会效益
2003	Hagedoom、Cloodt	对美国 4 个高新技术产业的逾 1200 个企业进行创新绩效测度
2003	Nasierowski、Arceli	运用 DEA 方法探讨了 OECD 国家的创新效率评价问题
2004	高建	分别研究了创新产出、创新过程形成的绩效
2005	王晓育	从技术创新网络角度出发对创新绩效的影响问题进行研究
2006	李刚、程国平	对行为绩效和结果绩效进行研究，得出其体系包含六项定性指标
2006	罗亚非	在产出指标设计中重视高质量论文的检索情况和专利申请情况
2010	屈宁华	以投入产出为角度，重点研究了研发过程中的人员配置、资金投入所带来的专利和新产品经济效益

二、创新绩效指标的设计准则

明确创新绩效指标的设置准则，对增加系统适用性有着极其重要的作用。创新绩效指标设计的主要准则包含八方面，分别是科学性、全面性、系统性、客观性、实用性、可比性、规范性、前瞻性。其中前七项原则是比较容易理解的，而前瞻性相对于前七项来说是比较难理解的。前瞻性是指在创新绩效指标设计过程中，既要对主体的现在状况给予关注，也要将其未来的创新能力体现出来；这就要求指标评价体系有较长的生命力，在最大限度地对原有评价体系进行保持的情况下，仍然能够通过经验和发展趋势进行不断地总结，从而根据未来的形势变化来调整政策、目标、资金以及人员等。除了上述八项主要原则之外，还有独立性、突出重点性、定量与定性分析相结合和软性与硬性指标相结合等原则。

三、创新绩效指标评价体系的多维视角

（一）创新效率与创新效果

创新效率是指在给定的条件下，最大限度地利用已有资源；创新效果仅仅对最后的输出成果进行了考虑。目前，在创新效率和创新效果方面的研究，一般集中在投入产出角度（效率论）和单纯产出角度（效果论）视觉上。投入产出角度指的是结合投入值和产出值对创新绩效进行综合衡量，主要包括多投入单产出指标体系和多投入多产出指标体系。

国外有学者研究了农业技术创新的过程，建立了一个包含两项投入指标和一项产出指标的相对完整的创新绩效衡量体系，其中两项投入指标是劳动力与资本，一项产出指标是产品总产量，该体系被称为多投入单产出指标体系。也有学者通过运用方向性距离函数，测算了 14 个国家长达 20 年的生产率，创建了一项产出指标——GDP 的面向国家的技术创新指标体系。相比多投入单产出指标体系，多投入多产出体系对产出指标的多样性进行了充分考虑，是更为复杂和全面的。也有学者对 45 个国家的科技收入绩效进行了研究，构建了一种具有 7 个投入和 8 个产出的国家技术创新体系，创立了研发投入和创新规模对区域经济增长的影响模型，开创了一个新的研究视角。国内有学者基于区域技术创新，在绩效指标体系中加入了新产品研发、新产品销售等指标。也有学者设计出了面向高新技术产业区的创新绩效测度指标体系。

还有学者认为，创新绩效只与收获的效益相关，投入只是创新产出的前期基础，并不参与评估创新绩效。持有这种观点的学者将创新绩效进行了划分，划分为技术效益、经济效益和社会效益三个方面，如表 5-2 所示。

表 5-2　创新绩效三方面效益的具体指标及贡献者

切入角度	指标分类及描述	主要贡献者
技术效益	生产率及生产关系：劳动生产率、技术积累情况、与同类企业竞争力状况、工作条件的改善程度、生产柔性的增强程度、生产效率提高率	陈铁军（2000）、王青云、饶扬德（2004）
	科技创新：科技直接价值指标、科技间接价值指标、科技进步贡献指标、专利拥有增加数量	易风华（2002）
	研发交流：研发部与生产部的交流频率、研发部门和研究所的交流频率等	陈劲、陈钰芬（2006）
经济效益	新产品数量：创新产品总数、创新产品所占的销售比例	单红梅、胡恩华（2000）、易风华（2002）、王育云、饶扬德（2004）
	新产品成本：创新产品单位成本降低率	单红梅、胡恩华（2000）、易风华（2002）、王育云、饶扬德（2004）
	新产品销售收入：创新产品销售收入、创新产品利税率	单红梅、胡恩华（2000）、易风华（2002）、王育云、饶扬德（2004）、陈劲、陈钰芬（2006）
	新产品市场接受度：创新产品竞争力、用户对创新产品的接受程度、创新产品国际市场占有率	单红梅、胡恩华（2000）、易风华（2002）、王育云、饶扬德（2004）、田盈（2008）
	企业经济状况改善：企业销售利润率、净资产增长率、净资产收益率的变化	陈铁军（2000）
社会效益	国民经济：国民收入净增值值促进就业：就业效果值环境与资源：改善环境状况指标值、节约资源指标值	易风华（2002）
	技术创新：技术创新对社会贡献率、技术创新对社会积累率、对社会相关产品的带动程度	单红梅、胡恩华（2000）、易风华（2002）、王育云、饶扬德（2004）、田盈（2008）
	国家地位：国际竞争力	

（二）区域规模角度

由于研究的主体不同，所得到的创新绩效指标体系的侧重点也不同。目前，可以将大多学者研究的主体划分为国家、区域、产业集群、企业这四个层级。

国家创新能力是指一个国家长期连续推出创新技术的能力。这个创新概念的层次是最高的，也是最复杂的。

区域层次涉及的主要是各个省、市及自治区等。有学者将东北三省作为研究对象，创立了创新绩效指标体系。

产业集群是在一定空间内，由企业、服务机构、政府部门和产学研院所等不同主体所组成的互动密切的网络，是一种经济主体，也是学者们开展研究的主要对象之一。有学者对产业集群创新能力的评价指标体系进行了完善，主要涉及四方面内容：知识流动能力、技术创新能力、创新环境、创新经济绩效。有学者针对集群经济效益、集群社会效益、集群成长性三方面的内容对绩效体系进行了研究，其中集群成长性方面又涵盖了知识流动和知识积累两个角度。

企业是创新绩效指标评价体系面向的最小对象之一。有学者创建了一套企业创新绩效指标评价体系。有学者认为，在构建企业指标体系过程中，要充分考虑知识创新、技术开发、设计制造、市场实现四个阶段。

由于层级不同，创新绩效评价体系的指标选取也有所不同。在国家和区域层级，技术效益和社会效益得到了更为广泛的关注，尤其是技术效益。在集群和企业层次，经济效益的关注度是最广泛的。造成这种区别的主要原因是层级不同，创新绩效衡量的可计算性和层级的本质目的也是不同的。集群和企业主要的任务是追求商业利益，但是对于国家和区域而言，创新带来的经济效益在创新绩效衡量中占据着重要的地位，但是，决定创新绩效的因素是非常复杂的，创新与其他非创新相关的因素是无法剥离的，因此对技术效益和社会效益的相关部分进行衡量能够对创新绩效的高低进行直接反映。

（三）企业内部与外部角度

对于一个企业而言，创新绩效不仅受到企业内部自主创新能力的影响，还受到外部创新环境的影响，其中自主创新能力由组织架构、人员组成、研发资金投入等因素所决定。目前，对于创新环境并没有形成统一的定义。我们可以将外部环境分为两部分，一部分是稳定（背景）环境，包含政治、法律、经济、社会文化、技术等；另一部分是即时（运行）环境，包含资源、市场、顾客、竞争者、金融机构等。

　　企业自主创新的过程包括研究和开发等活动，评价创新绩效需要对从投入资源到产出成果的全部流程进行评价。有学者基于企业内部的研发人员、资金投入和获得的经济效益及社会效益，对企业技术创新绩效综合评价指标体系进行了构建，并通过运用多种方法进行了综合建模，如多元统计分析法、主成分分析法及层次分析法等。

　　在企业经济发展过程中，创新环境是非常重要的保障，对企业创新绩效起到直接作用和影响。有学者对 1998 年至 2006 年中国创新活动数据进行了收集和分析，从而得出了创新环境因素对创新绩效以专利为测度的影响。有学者从中国区域环境角度，建立了环境创新投入产出评价指标体系，其中投入指标包括环境创新资金投入、环境创新人力投入、环境规制投入，产出指标包含环境绩效指标与经济绩效指标。

　　在企业创新环境中，外部合作网络是一个必不可少的环节，从网络视角评估创新绩效是目前业界的研究热点之一。有学者在企业技术创新合作网络结构、企业的知识与信息资源整合、企业技术创新过程的组织与管理三方面选取了 19 项指标。

第六章 多维视角下薪酬管理

薪酬管理是指根据企业总体发展战略对员工薪酬进行的规划，本章主要讲述了薪酬管理的基础认知、薪酬体系设计、多维视角下激励薪酬和福利。

第一节 薪酬管理的基础认知

一、薪酬的概念

（一）报酬与薪酬

报酬是员工在完成任务之后，所获得的一切有形和无形的待遇。一般情况下，将员工为组织工作而获得的各种有价值的东西统称为报酬。

薪酬泛指员工通过向用人单位付出自己的劳动而获得的各种形式的报酬，包括各种直接或间接的报酬，如薪资、福利和保险等，薪酬实质上是一种公平的交易。薪酬的表现形式有很多种，如精神的与物质的、有形的与无形的、货币的与非货币的、内在的与外在的等。

（二）薪酬的相关概念

薪资是薪金（salary）、工资（wage）的简称。薪金的支付对象是以脑力劳动为主的白领或金领阶层，员工劳动报酬的支付是以较长时间为单位计算的，一般支付周期是比较长的，常见的支付周期有月薪、年薪等，国内通常使用"薪水"一词来代替薪金。工资的支付对象是以体力劳动为主的蓝领阶层，员工劳动报酬的支付是以工时或完成产品的件数计算的，支付周期一般比较短，如计时工资（小时、日、周工资）或计件工资。

收入是员工所获得的包含薪资、奖金、津贴和加班费等项目在内的各项目的总和，是员工所获得的全部报酬。

薪资主要取支付的含义，分为工资和薪金两种形式。

奖金指员工超额劳动所获得的报酬，如红利、佣金、利润分享等。

福利指公司为每个员工提供的带薪年假、各种保险等福利项目。

社会在一定时期内会对新创新的产品或价值（国民收入）进行分配，其中分配包括初次分配和再分配（或二次分配）。

二、薪酬管理的含义及目标

薪酬管理指的是按照企业总体发展战略的要求，对管理制度进行一定的设计和完善，并对薪酬激励计划进行编制并实施，从而最大限度地将各种薪酬形式如工资、奖金和福利等的激励作用发挥出来，为企业创造更大的价值的一种管理形式。企业进行薪酬管理，需要达成以下四种目标：

（1）保证薪酬在劳动力市场上的竞争性，从而吸引并留住优秀人才。

（2）对于各类员工的贡献，企业要给予充分的肯定，让员工的付出得到相应的回报。

（3）对企业的人工成本进行合理控制，让劳动生产效率得到有效提高，让企业产品的竞争力得到有效增强。

（4）通过确立薪酬激励机制，将企业和员工长期、中短期经济利益进行有机结合，促进公司与员工结成利益关系共同体，从而谋求员工与企业的共同发展。

第二节　薪酬体系设计

一、薪酬体系的规划

（一）薪酬体系规划的内容

薪酬体系规划包括总体规划和分类计划两个层次。总体规划是在规划期内对薪酬管理总目标、总政策、实施步骤和总预算所进行的安排。分类计划包含三方面内容：工资计划、奖金计划和福利计划，这些计划是对总体规划的分解和具体化，对总体规划的执行发挥了细化的作用。各分类计划可以根据具体情况再进行进一步的细化和分解，如表 6-1 所示。

表 6-1　薪酬体系规划及分类计划

规划类别		目　标	政　策	步　骤	预　算
总体规划		总体绩效提高、人员稳定、员工满意度与社会声誉比较好，公平程度、士气水平等提高	提高、减少、平衡、稳定、改革等薪酬管理基本措施	总体步骤	总预算
分类计划	工资计划	总额控制、工效挂钩、有效激励、提高凝聚力	调整、定级、倾斜	政策出台日期、实施效果评估、调整日期	增减工资额
	奖金计划	绩效提高，积极性提高，长期行为增强	重点原则、奖励方法、普遍水准、计件计奖、提成制度、分享制度	按季发放、按班组考核、按年发放、按指标考核	如按利润增长额度分段递增分享比率
	福利计划	凝聚力提高	福利标准、对象及实施办法，优先安排原则	按季发放、按班组考核、按年发放、按指标考核	如按利润增长额度分段递增分享比率

（二）薪酬体系规划的意义

1. 适应外部环境变化，增强企业凝聚力

从系统论的系统层次性来看，人力资源、企业、企业外部环境（社会）是三个不同的系统，但是这三个系统是依次包含的关系，企业外部环境这个系统包含企业系统，企业系统又包含人力资源系统，由此可知企业外部环境系统也就是社会系统是三个系统中最大的一个，这三个系统中也存在着相互制约的关系。薪酬体系是人力资源系统的一个子系统，应该与上述三个系统之间保持平衡的关系：

首先，薪酬体系应该与人力资源系统内部其他子系统之间保持平衡，如与招聘选拔系统、开发培训系统、业绩评估系统等子系统之间保持平衡。

其次，薪酬体系应该与企业内部其他资源系统的各子系统之间保持平衡。例如，与资金系统、物质系统、技术装备系统及营销系统等子系统之间保持平衡。

最后，薪酬体系应该与企业外部环境保持平衡。薪酬体系的规划受到企业的一些外部条件的影响，这些外部条件包含人力资源市场情况、政府的薪酬政策、国家经济形势、同行业工资水平等。

2. 保证内部公平及分配的计划性

薪酬体系规划的主要目的之一就是让内部的分配变得有章可循，有效克服薪酬管理中的随意性与不确定性，为薪酬管理的公平性和计划性提供保证。

3. 加强企业人力资源成本控制

企业可以通过薪酬体系规划对全年的薪酬成本进行科学预算、统筹安排，克服人力资源成本管理中的浪费和不经济行为，从而让企业的经济效益得到有效提高。

二、薪酬体系管理的过程

（一）薪酬体系管理的基本过程

1. 制定付酬原则与策略

付酬原则与策略的制定是企业文化内容中非常重要的一部分，为之后各环节的实施奠定了重要基础，对之后各环节的实施发挥着极其重要的指导作用。它包含了认识员工的本性、评价员工的总体价值、评估管理骨干及高级专门人才的作用等多方面的核心价值观，也包含由这些核心价值观衍生出来的与工资分配相关的政策与策略，如工资差距的大小、差距标准以及工资、奖励与福利费用的分配比例等。

2. 岗位设计与分析

岗位设计与分析是建立薪酬体系的重要依据，通过这个活动环节能够制定出企业组织结构系统图、所有的岗位说明与规范等文件。科学的岗位设计能够去除多余的岗位和交叠重复的岗位，从而有效节省了劳动力，让劳动效率得到了大大提高，避免了不必要薪酬的支付。岗位分析是公司人力资源管理过程中的基础分析，也是薪酬管理的重要依据。通过岗位分析能够明确工作内容、责任大小、层级关系，并且企业以此能够明确某一岗位的基本薪酬和岗位薪酬。

3. 岗位评价

岗位评价是保证内在公平的关键，企业应该通过必要的精确度、具体的金额来表示每个岗位在本企业的相应价值。这个价值充分反映出企业对该岗位的占有者的要求。完成岗位工作的难度越大，对企业做出的贡献就越大，对企业的重要性也就越高，从而其相对价值就越大。需要注意的是，用来表示岗位对应价值的金额并不能代表该岗位占有者真正的薪酬额。

4. 薪酬结构设计

岗位评价能够表明每个岗位在企业中相对价值的顺序、等级、分数或象征性的金额。企业中所有岗位的薪酬都要按照统一的贡献原则进行确定，从而为企业薪酬体系的内在公平性提供保证。但是在这种理论上的价值得出后，应该以此为基础转换成实际的薪酬值，这样才具有了实用性的价值，这就对薪酬结构设计提出了要求。薪酬结构指的是企业的组织结构中各岗位的相对价值与对应的实际薪酬间的关系。

5. 薪酬状况调查及分析

薪酬状况的调查及分析应该与薪酬结构设计同时进行，甚至可以在考虑外在公平性而调整薪酬结构之前进行。这项活动研究的问题主要有两点，一是要对什么进行调整，二是如何去收集数据。首先应该对本地区、本行业的内容进行调查，尤其是主要竞争对手的工资状况。可以参照同行或本地区其他企业的工资水平来对本企业对应岗位的工资进行调整和制定，从而为企业薪酬体系的外在公平性提供保证。

6. 薪酬分级与定薪

在岗位评价之后，依据确定的薪酬结构，将各种类型的岗位薪酬划分成若干级别，从而形成一个薪酬等级（职级）体系。经过这个步骤，可以明确每一岗位具体的薪酬范围。

7. 薪酬体系的运行控制与调整

在建立企业薪酬体系之后，如何有效控制和调整薪酬体系的运行，让薪酬体系发挥应有的功能和作用，这个问题是非常复杂的，这项工作不是在短期内就能完成的。

（二）薪酬体系的调整

奖励性调整是为了奖励做出优良工作绩效的员工，从而鼓励员工更好地进行工作，让员工的绩效得到有效提高，这个奖励性调整也被称为功劳性调整。

在通货膨胀的情况下，员工的实际收入会在无形之中有所减少，为了补偿员工的这种损失，保证员工的生活水平，企业应该根据物价指数状况来调整员工的薪酬体系。生活指数调整通常采用两种方式：等比调整和等额调整，其中等比调整指的是在原有薪酬基础上将所有员工的薪酬上调同一百分比，等额调整指的是不管原有薪酬的高低，对所有员工给予等幅的调升。

企业在效益良好、盈利增加的情况下，对所有员工进行加薪调整，但是采用浮动式、非永久性的方式为最佳；企业在效益下滑的情况下，将所有员工的薪酬进行一定的下调也是应该的。但需要注意的是，一般情况下，薪酬调整具有一定的"不可逆性"。

一般情况下，员工薪酬得到了提高就意味着员工的工作经验得到了积累和丰富，其代表能力或绩效潜能也得到了提高，这样员工的薪酬也就具备了按照绩效与贡献分配的性质。因此，薪酬调整后不要运用人人等额逐年递增的办法，而应该结合员工的工龄和考核结果，从而确定不同员工工龄薪酬调整的幅度。

企业应该根据内外环境及特殊目的来调整某类员工的薪酬。例如，企业可以实行年薪制，在每年年终的时候对下一年度经营者的年薪进行重新审定和调整；企业也应该根据市场因素来对企业内部不可替代人员的薪酬进行适时地调整，从而更好地留住人才。

第三节　多维视角下激励薪酬和福利

一、激励薪酬的含义

激励薪酬指的是根据员工、团队或者企业的绩效来给员工个人支付薪酬。激励薪酬与基本薪酬不同，激励薪酬在一定程度上具有变动性，但是激励薪酬与绩效有很大的关系，因此对员工具有更强的激励性。激励薪酬一般可以分为两种类型：个人激励薪酬和群体激励薪酬。

二、激励薪酬的类型

激励薪酬或者可变薪酬计划所采用的形式有很多种，针对的主体如个人、团队、业务单位或者全体雇员等。其主要的类型有以下几种：

（一）班组或小团队奖励计划

在团队奖励计划中，最简单且与个人奖励计划最接近的一种类型就是班组或小团队奖励。与个人奖励计划相比，班组或小团队奖励只有在班组或团队的目标得以实现之后，才能获得奖励。如果个人目标实现了，但是群体目标没有实现，个人是不能获得奖励的。例如，一个团队需要去完成一份调查报告，不同的人有不同的任务安排，有的人需要做调查设计，有的人需要实施调查和收集数据，有的人需要对调查结果进行分析并撰写调查报告，报告完成之后，大家才能获得相应的奖金；如果只完成了其中的一部分目标，而没有完成整体目标，那么团队中的每一个人都不会得到奖金。

同时，奖金的发放方式是一个必须考虑的问题。在组员间分配奖金时一般有如下三种方式：

一是组员平均分配（这样一方面在一定程度上有利于加强个人之间的合作，但另一方面也可能因为缺乏奖励层次而形成吃"大锅饭"的不良结果）。

二是组员根据其对班组绩效的贡献大小得到不同的奖金（相对来说，奖金与个人贡献挂钩更具有激励性，但是对个人的贡献评价提出了很高的要求，否则会产生个人之间在利益分配上的矛盾）。

三是根据每个组员的基本工资占班组所有成员基本工资总数的比例确定其奖金比例，这种方式基于一种基本的付酬理念，即拿高工资的人比拿低工资的人对组织贡献大。此外，这种方式也更容易计量和实施。

（二）利润分享计划

迄今为止，利润分享可以称得上最古老的一种激励薪酬形式，美国对这种形式的应用可以追溯到 19 世纪末期。虽然这种形式的吸引力在不同的时代有不同的涨落，但是在整个工业时期一直被广泛应用。利润分享是在利润或回报的某种衡量标准的基础上对工资计划的确认，这种衡量的标准包括完全会计利润、经营利润、资产回报、投资回报、资本收益、销售收入、附加价值率或工资成本产出率及其他可能的回报。这在激励薪酬计划中是最为常见的几种形式，都是建立在整个公司经营盈利能力基础之上的。

利润分享所采用的实现形式有很多种，在西方国家常见的主要有以下几种：

（1）现金现付制，也就是现金利润分享，这是利润分享中最为简单的一种形式。一般情况下，这种方式将所实现的利润按照预定部分分配给员工，奖金的多少直接与工作表现挂钩，即时支付、即时奖励。在美国，这是一种比较传统的形式，给员工分享的红利与公司的盈利能力息息相关，一般是一年支付一次或者是一年支付两次，每年支付的金额基本上相当于员工六个星期的工资。

（2）递延式滚存制，是指将利润中员工应得的部分转入该员工的账户，让利润分享与员工储蓄存款进行联系，分享的利润通过"利润分享特殊基金"的形式进行保存，在特定的保留期限内，员工不能提前提取，只有在保留期限过后才能够提取并使用，但是在特殊准许的情况下可以提取。法国、美国、新加坡都曾使用过这种形式，至今仍有公司在实行这种方式，这对员工跳槽具有一定的约束力。

（3）现付与递延结合制，就是以现金的形式及时支付一部分应得的奖金，剩下的部分转入员工的账户，留待将来支付。这种方式既对员工进行了现时的激励，又为员工以后的退休生活提供了保障。

（4）与利润挂钩的工资计划，就是将员工的一部分基本工资与利润挂钩。与前几种形式相比，这种形式取代了基本工资的目的，而前几种形式是对基本工资所进行的补充。为了缓解和消除员工对这种方式的抵触情绪，西方国家对这部分收入采用了高额税收优惠的方式。

除了上述几种形式，有些国家的企业还采用了在年终总利润中拨出一部分作为退休基金等形式，并按照一定的标准发放给员工，这样可以让员工对企业的利润给予更多的关注。

利润分享主要是为了鼓励员工帮助企业赚取利润，提高员工对企业的投入，增强企业留住他们的可能性。

（三）收益分享计划

收益分享计划是企业与雇员分享因企业或团队的改善而带来的财务收益，这些改善可以是生产销售方面的改进，可以是顾客满意度的提高，也可以是成本的降低以及更好的安全记录。与利润分享计划不同的是，收益分享计划所使用的衡量标准是营业或业绩标准，而不是通过盈利能力的标准来衡量。具体而言，这些业绩标准包含成本、生产率、原料和库存利用、质量、时效性或反应灵敏性、安全性、环境的协调性、出勤率和客户满意程度，收益分享计划制订的目的是让所有的员工从生产效率的提高中得到相应的经济奖励，与此同时，这个计划还对雇员参与的管理理念进行强调。收益分享计划的方式主要有三种：斯坎伦计划、拉克计划和提高分享计划。

三、员工福利

员工福利是指企业通过实行集体福利设施、设立各种补贴、提供各种服务的方式，为员工生活提供便利，帮助员工解决生活中的难题，让员工的生活和环境得以改善，帮助员工解决生产过程中的一些共同或者特殊的问题，从而让员工的物质文化生活得到改善，让他们应得的员工福利得到保证。也可以这样说，员工福利是对除了工资和社会保险之外，企业在经济和生活上为员工提供帮助和便利，从而补充和满足员工基本的、日常的、共同的或特殊的生活需要而采取的各种福利措施和举办的福利活动的总称。

（一）员工法定福利的主要内容

由于法定福利是国家采用立法手段予以固定化，并强制推行，因此公司的法定福利体系需要遵照国家法定福利的各个环节、各个项目与具体制度。如社会保险多个职能机构之间及内部职责划分、财务管理、资金分配与筹集方式，法定福利项目和标准的确定，法定福利的发放，对法定福利活动的监督等，都由法定福利立法加以规定。法律规定性是法定福利得以实施的保障和依据。法定福利制度覆盖的是全体社会成员，不论男女老少，也不分工种职业。

员工法定福利内容庞杂，种类繁多，公司遵照有关法律和条例实行的法定福利可分为社会保险、法定假期等。

1. 社会保险

社会保险出现于 19 世纪 80 年代，当时工业化生产方式带来了各种社会风险，如工伤、失业、疾病等，这些社会风险的加重可能会弱化原有家庭的保障职能，国家为了保障工人的利益，建立了社会保险制度。这个制度为丧失劳动能力或暂时失去劳动能力的人在收入上提供了保障，这个制度是由政府建立，具有严格的强制性，要求从业职工在就业过程中必须拨出一部分收入交纳保险税（费）作为保险基金，当投保交纳社会保险税（费）达到一定期限后，如果职工由于这个制度规定原因丧失了劳动能力，导致自身的收入中断或者减少时，就可以按照相应的规定领取一定的保险津贴，获得一定的补偿。社会保险一般包含养老保险、基本医疗保险和失业保险等。

（1）在社会保障制度中，养老保险是其重要的组成部分，是社会保险五大险种中最重要的险种之一。养老保险是国家和社会根据一定的法律和法规，主要是为了解决劳动者在达到国家规定的解除劳动义务的劳动年限或者因年老丧失劳动能力退出劳动岗位后的基本生活而建立的一种社会保险制度。它包含了三种含义，一是养老保险只有法定范围内的老年人完全或基本退出社会劳动生产后才会产生作用；二是养老保险主要是为了满足老年人的基本生活需求，保障了他们生活来源的稳定性和可靠性；三是社会保险是实现养老保险的手段。

（2）基本医疗保险主要是为了补偿疾病风险所带来的医疗费用的一种保险，它属于支出性补偿项目。也就是把由疾病风险给个体所带来的经济损失分摊给所有受同样风险威胁的成员，通过将医疗保险基金集中起来，对由疾病所带来的经济损失进行补偿。当员工生病或者受伤后，由国家或社会给予的一种物质帮助和提供一些医疗服务或者经济补偿，是一种社会保障制度。

（3）失业保险是一种通过国家立法由社会筹集基金，对因失业而暂时中断生活来源的劳动者提供物质帮助以保障其基本生活，并通过专业训练、职业介绍等手段为其再就业创造条件的制度，具有一定的强制性。劳动者在某种情况下会因非本人主观意愿失业，从而导致自己的工资收入暂时中断，他们是有能力的，也非常愿意接受再就业的，失业保险为他们提供了物质帮助，是一种保障措施，是社会保障体系中重要的组成部分，也是社会保险的主要项目之一。失业保险基金主要来源于社会筹集，由企业、个人和国家共同负担，劳动者的交费比例、交费方式是比较稳定的，筹集的失业保险费不分来源渠道，不分交费单位的性质，全部并入失业保险基金，在统筹地区内进行统一调度使用，从而发挥互济功能。

（4）在人类生存和发展过程中，住房是人类必需的基本要素之一，对员工的安居乐业甚至是社会稳定发挥着关键性的作用。在计划经济体制下，我国实行的是福利分房政策，也就是由国家或企业统一建设住宅，并按照租金分配给员工使用。随着我国住宅商品化改革的进行，目前实行的是企业货币化分房制度，也就是由公司和员工共同承担住房公积金。国家规定的住房公积金的缴存比例是员工月工资的12%。

凡符合下列条件之一的，可以支取住房公积金：

以本人或配偶的名义购买、建造自有住房；员工由于工作变动迁出本市；支付本人承租公房所分摊房租中超过本人工资收入的5%的部分；大中型修缮自有住房；职工离退休时可以领取；移民国外并取得外国国籍。

（5）工伤保险也被称为职业伤害保险，员工如果在工作过程中由于遭受意外伤害或因长期接触有毒有害物而引起职业伤害，工伤保险会给予员工一定的经济赔偿。

（6）生育保险通过向生育女职工提供生育津贴、产假以及医疗服务等方面的待遇，保障她们因生育而暂时失去劳动能力期间的基本经济收入和医疗保健。生育保险的实行保障了妇女基本的权益，能够大大提高人口素质，有利于国家人口政策的实施，为妇女就业提供了有力保障。

2.法定假期

法定假期是企业职工依法享有的休息时间，按照有关劳动法规要求，员工有权享受国家法定节日、带薪假期，按照工作时间的规定，享受每周至少两天的休息时间。

（1）法定节日。依据国务院节假日休假规定，元旦、清明节、劳动节、端午节、中秋节各一天，春节、国庆各三天，休息日可以适度调整，在法定节假日劳动者有权享受休息，工资照发，如遇不得已的情况，需要员工加班，需按照法定标准给予加班费。

（2）带薪休假。员工享受节日休假、年休假、婚假、丧假、产假期间，企业应按照劳动合同的工资标准支付工资。国家法定的带薪休假有婚假、丧假、生育假等。依据我国现行法律，企业应结合自身发展的实际状况，制定带薪休假政策。

（二）企业福利

1.企业补充养老金计划（企业年金计划）

由于各方面的因素，法定福利中的养老金水平并不是很高。考虑到这种情况，很多国家鼓励企业在国家法定的养老保险之外，自行建立企业的补充养老保险计划。在我国，企业补充养老保险是企业根据自身经济能力为本企业职工建立的一种辅助性的养老保险，是由国家宏观指导、企业内部决策执行的，所需费用从企业自有资金中的奖励、福利基金内提取补充。养老保险基金由社会保险管理机构按国家技术监督局发布的社会保障号码汇入职工个人账号，所存款项及利息归个人所有。退休的职工按照国家规定领取的养老金因企业经济效益不同而有所差别，体现了效率的原则。

2.补充医疗保险

社会医疗保险保障的范围和程度具有一定的局限性，在客观上，为企业建立补充医疗保险留下了一定的空间，在发达国家的企业健康保健计划已经成为企业的一项常见福利措施。如在美国，企业通过至少三种方式为员工提供健康福利计划：一是参加商业保险，由雇主和雇员共同缴纳保险费，雇员看病和住院时，由保险公司报销绝大部分医疗费用。二是参加健康保险组织为了控制医疗费用的快速增长，美国在20世纪80年代出现了一种新型的医疗保险机构，这些机构已开办医院，直接为参保人提供医疗服务，参加者按会员制的办法定期缴纳一定的会费。患者就诊只能到指定的医院，不能随便选择医生和医院。三是参加某个项目的保险，比较常见的是牙科保险和视力保险。

在我国，考虑到城镇职工基本医疗保险制度有一定的局限性，也有一些企业为职工建立了补充医疗保险计划。这些计划大多都是针对基本医疗保险费支付封顶线设计的补充保险计划，负担封顶线以上的医疗费用开支，典型的有商业保险公司经营的补充保险、工会组织主办的补充保险、工会保险经办机构举办的补充保险等。

（三）弹性福利计划

弹性福利计划又称为"自助餐式的福利"，企业会为员工提供一份"菜单"，在这个"菜单"中列出各种福利项目，员工可以在这个"菜单"中进行自由选择，选择自己需要的福利，弹性福利制所强调的是让员工根据自己的需求选择福利"套餐"，每个员工的福利组合都是自己专属的，除此之外，弹性福利制也对员工参与的过程进行了强调。

1. 弹性福利计划的类型

企业经营的环境具有多样化的特征，企业内部具有一定的特殊性，在实际操作过程中，弹性福利制由此演化成了几种具有代表性的类型。

（1）附加型弹性福利计划是一种最为普遍的弹性福利制，就是在享有现有福利计划之外，再为员工提供其他不同的福利措施，或者将原有福利项目的水准进行扩大，让员工可以进行自由选择。附加型弹性福利计划包含房租津贴、交通补助费、意外险、带薪休假等。但在通常情况下，企业都会规定一个"金额"作为"传价"，会根据每一个员工的薪资水准、服务年资、职务高低或家眷数等发放数额不等的福利限额，员工再通过分配到的限额去认购自身所需要的额外福利。

（2）核心加选择型弹性福利计划主要是由"核心福利"和"弹性选择福利"两部分组成。"核心福利"是企业员工都能享受的基本福利，不能进行自由选择；"弹性选择福利"中的福利项目可以供员工进行自由选择。"弹性选择福利"中的福利项目一般会附上价格，让员工进行自由选购。一般情况下，员工所获得的福利限额是在实施弹性福利之前所享有的，福利总值超过了其所拥有的限额，差额可以折发现金。

（3）弹性支用账户作为一种弹性福利制是非常特殊的，员工可以每年从自己的税前总收入中拨出一定数额的款项，将其作为自己的"支用账户"，并利用这个账户去选购雇主所提供的各种福利措施。拨入支用账户的金额不需要进行所得税扣缴，但是如果账户中的金额没有在年度期限内用完，剩下的额度将归公司所有，且不能在下一个年度中进行合并使用，也不能通过现金的方式发放。

（4）福利套餐型福利计划是企业同时推出的不同福利组合，不同的组合包含的福利项目或优惠水准也是不同的，员工只能选择其中一个组合。企业在规划这种弹性福利制时，要充分考虑员工群体的背景来进行设计，如员工的年龄、有无眷属、住宅需求等情况。

（5）选高择低型福利计划一般会提供几种项目不等、程度不一的福利组合供员工选择，以组织现有的固定福利计划作为基础，再根据这个基础进行多种不同福利组合的规划。与原有固定福利相比，这些组合的价值是变化的，有的组合的价值高，有的组合的价值低。如果员工选择的福利组合的价值比原有的福利措施要高，则需要员工用自己薪水的一部分来补缴中间的差价；如果员工选择的福利组合的价值比原有的福利措施要低，员工就可以要求雇主发给其中间的差额。

2. 实行弹性福利计划时应注意的问题

在弹性福利计划实施的过程中，企业通常情况下不能在法律允许范围内让员工最大限度地获得自由选择权。其原因主要有两点：一是这种做法会因为个别员工的特殊福利要求而让公司的福利成本得到大大的提高；二是如果员工早期阶段做出的选择到后来发现其实是错误的，这时候，员工会对企业赋予他们的选择权产生怨恨。因此，在弹性福利计划实施的过程中，除了法律规定的必选福利项目之外，企业应该限定员工必须选择一些福利项目。以此为基础，员工才能做出进一步的福利选择。除此之外，为了控制福利计划的总成本，在为员工提供弹性福利计划之前，应该在组织内部进行福利调查，从而为员工提供一系列可供选择的福利项目方案。

第七章　多维视角下员工关系管理

人力资源管理中的一种特殊职能是处理劳动关系。企业单位的人力资源潜力能否得到充分的发挥在很大程度上取决于劳动关系是否融洽。本章分为劳动关系的基础认知、劳动合同的简要概述、员工关系管理、多维视角下和谐劳动关系建立的路径与机制。

第一节　劳动关系的基础认知

一、劳动关系的基本含义

（一）劳动关系

劳动关系是对劳动者和劳动力使用者之间的社会经济利益关系的统称。具体来说，劳动关系指的是在劳动实现的过程中，由劳动者与其使用者双方利益引起的，双方表现为合作、力量和权力关系的总和。劳动关系也被称为劳资关系、雇佣关系、雇员关系、产业关系等。社会的经济、技术、政治和文化背景会在一定程度上影响劳动关系。

在社会实践中，我国现行的劳动法是一种对劳动关系进行调整以及与劳动关系密切联系的其他关系的法律规范，从法律的角度对劳动关系进行了明确和规范。

（二）劳动关系主体

构成劳动关系的核心要素是劳动关系主体，不同心态、期望、人际关系和行为的个体共同组成不同的群体，这些不同的群体构成了劳动关系体系，群体之间存在着密切的联系。一个就业组织的劳动关系是由两个系列群体构成的，分别是管理方（资方）和雇员（劳方）。

管理方（资方）是就业组织中具有经营决策权力的人或团体，是劳动力的需求主体，用工主体构成了企业劳动关系的一方，在劳动过程中他们属于支配者。

雇员（劳方）是就业组织中不具有基本经营决策权力的工作者，他们从属于这种决策权力，在劳动过程中他们属于被支配者。

除此之外，劳动关系主体与员工团体、雇员协会和政府有密切的关系，员工团体是由具有共同利益、兴趣或目标的员工所组成的员工组织，如工会和行业协会等，员工团体代表了他们的成员，并要为其成员争取一定的利益和价值。

雇主协会是管理方团体的主要形式，以行业或贸易组织为纽带。肩负的主要任务是与工会或工会代表进行谈判，在劳动争议处理程序中为他们的成员提供一定的支持。

在劳动关系中，政府代表国家，通过运用法规和政策手段来宏观调控、协调和监督企业劳动关系的运行。

（三）劳动关系的表现形式

劳动关系的本质是劳动双方合作、冲突、力量和权力的相互交织，所以，劳动关系具体表现为四方面：合作、冲突、力量、权力。

1. 合作

合作，指就业组织中的劳动双方共同生产产品或提供服务，并在很大程度上遵守一套既定制度和规则的行为，劳动双方的权利和义务通过双方协商签订集体协议或劳动合同来进行确定，在劳动关系维系中，合作是基础和前提。

2. 冲突

冲突，指劳动双方的利益、目标和期望不一致，甚至会出现分歧，双方的矛盾激化，并且双方都各自采取了各种不同的经济斗争手段。随着市场经济的发展，劳动关系双方的冲突将会越来越突出。

3. 力量

力量，是影响劳动关系结果的能力，在一定程度上决定了相互冲突的利益、目标和期望所表现出来的形式。劳动关系具体表现为两方面，一方面是劳动力市场的力量，另一方面是双方对比关系的力量，其中劳动关系双方力量的对比程度对双方的合作或者冲突起到了决定性作用。当然，双方的力量并不是固定不变的，会在其他因素的影响下发生一定的变化。

4. 权力

权力，指代表他人做决策的权利。在劳动关系中，权力一般集中在管理方，拥有权力的管理方在劳动关系中处于主导优势地位。但是这种优势地位并不是一成不变的，在特定的时间和场合下会发生一定的逆转。

二、劳动关系的性质与类型

（一）劳动关系的性质

劳动关系的性质是指劳动关系双方主体之间相互关系的实质或核心内容。它主要包括的内容有三方面：

（1）具有经济利益或财产关系的性质。劳动者或雇员在向企业管理者或雇主让渡自己的劳动的同时，企业管理者或雇主要向劳动者或雇员支付一定的劳动报酬和福利，双方之间存在一定的经济利益关系或财产关系，这就是劳动关系的基本性质。

（2）具有平等关系的性质。这个性质主要体现在双方的权利与义务的表面的对等上。劳动关系的建立是以平等协商为基础的，并且一般情况下要将劳动合同的签订作为保证，双方劳动合同的签订是以相对平等、没有外在干扰为前提的。

（3）具有不平等的性质。劳动关系具有人身让渡关系的特征。劳动者在劳动关系中虽然具有获得劳动报酬的权利，但是又必须履行自己的义务、贡献自己的劳动，并在劳动过程中受到管理者的支配，双方之间关系表现出了明显的支配和服从的特征，这可以被视为是一种人身让渡关系。

（二）劳动关系的类型

1. 利益冲突型

利益冲突型的劳动关系是在劳资双方矛盾和劳动阵营对峙基础上建立起来

的。这种类型的劳动关系中，双方主体之间的矛盾和分歧比较明显，双方均有各自的利益和各自的阶级立场，这样的情况下，双方之间会不可避免地产生一些劳资矛盾和劳资冲突。这种类型的劳动关系需要通过不断地相互斗争与妥协来进行维系和发展。

2. 利益协调型

利益协调型的劳动关系是在劳资双方权利对等和地位平等的基础上建立起来的。在人格和法律上，这种劳动关系中的双方主体是平等的，双方之间互相享有权利和义务。双方在处理利益关系的过程中，需要坚守对等协商的原则，从而让双方的共同目标得以实现。在法律层面上，这种劳动关系的构建是以近代劳动立法中的契约精神为依据的，这种关系中劳资双方表现得比较和谐和稳定，并且能够促进社会和经济的发展。

3. 利益一致型

利益一致型的劳动关系是在以管理者或雇主为中心的基础上建立起来的，并且具有强调劳动关系双方利益一致性的特点。在这种劳动关系中，劳动者的利益一般是由国家和企业来代表的。人力资源开发和管理机制在这种劳动关系中是比较重要的，需要不断地完善和健全。这种劳动关系的理论依据之一是劳资合作或利益一体。

上述三种类型的劳动关系只是理论上的概括，在现实中，这几种类型的劳动关系之间会有一定的交叉和联系，虽然一个国家或地区的劳动关系一般都是以一种类型为主的，但是其他类型的劳动关系也会在不同的企业中有不同程度的表现和影响。

（三）劳动关系的外部环境

劳动关系是社会关系中的一个重要环节，在一定程度上受到社会关系的其他环节的影响，这些环节就构成了劳动关系赖以存在和变化的环境。

1. 经济环境

影响经济环境的因素有很多，不仅有宏观经济状况，还有微观经济状况。一般来说，市场、技术、就业结构和就业方式、社会经济政策等因素在发生变化的同时，会通过失业率、工资水平及结构对劳动关系产生影响。经济环境能够让劳动关系主体双方力量的对比发生变化。经济环境不仅能够影响员工的报酬水平、就业工作转换以及工人运动和工会的发展，也能影响产品的生产工作、岗位的设计、工作程序等。经济发展水平高、稳定性好，经济结构合理，这样的经济环境下往往会提供更多的就业机会，劳动者也会获得更高的收入，劳动关系也会更加协调；反之，企业劳动关系本身很难进行协调发展，企业劳动关系管理的难度也会随之增大。

2. 社会文化环境

社会文化环境中的因素是比较复杂的，如财富的分配和再分配、社会价值观念的改变、人与人之间的等级关系的变化等都会对劳动关系产生明显的影响。社会文化对劳动关系的影响是潜在的，是不容易被察觉的，主要是通过社会舆论和媒介对劳动关系造成影响。一般情况下，人们会对人与人之间的关系存在固有的态度和价值评判，在这样的思想文化背景中，逐渐形成了特定的劳动关系。社会文化环境会对劳动关系造成具体而深入的影响。

3. 政治环境

不同的国家存在不同的体制和法制，在一定程度上，对应的劳动关系管理的性质和特点也会不同，如劳动关系管理的机构和模式、工会、劳动合同、集体谈判、集体合同、劳动争议及其处理原则和方法等都会有所不同。体制环境（政治体制）是影响劳动关系管理的最主要的因素。

4. 法制环境

法制环境也会深刻影响劳动关系管理，包括与劳动相关的法制是否健全、法律普及程度的高低、法律的执行情况如何等。与劳动相关的法律对雇佣关系双方行为进行了规范，是政府进行劳动关系调整所运用的最基本的形式，如我国《劳动法》规定了集体谈判中双方的权利义务、雇员的最低工资、健康和安全保护等条款。

三、劳动关系的管理原则

科学的劳动关系管理原则有以下几方面：

（一）合法性原则

劳动关系是社会最基本的社会关系，影响社会成员的根本利益，影响重大，国家制定大量的劳动法律法规，对劳动关系及其相关内容进行规范和调整，以实现劳动关系的协调发展。因此，劳动管理活动必须依法行使，严格遵守和执行法律规范，这种行为才有效。

（二）合理性原则

劳动管理活动会受社会道德、风俗、习惯、传统文化等多种因素影响，实施合理、公正的管理活动才会被成员接受，管理活动才能顺利进行下去。

（三）民主参与原则

在劳动管理过程中，要征求成员建议，建立有效的渠道，了解成员的愿望和意见，调动成员积极主动参与劳动管理，可以极大地提高生产、工作的积极性和热情，提高工作效率。

（四）创新发展的原则

劳动管理经常处于新的环境状态中，面临不断出现的新问题，承担新的工作和任务，管理者需要更新观念，改善组织结构，创新组织行为方式，采用新的措施和方法进行管理。

第二节　劳动合同的简要概述

一、劳动合同的概念和特征

劳动者和用人单位两者之间按照相关法律，在最终确定的劳动关系当中，明确劳动者和用人单位权利义务的书面协议，我们将其称之为劳动合同。劳动者和用人单位是劳动合同的主体，具有一定的特定性。通常情况下，劳动者和用人单位签订劳动合同的相关内容有着比较强的法定性，无论是劳动者，还是用人单位，均不能违反已经订立好的强制性规定，如果违反的话则视为无效。

一般情况下，劳动者在签订劳动合同时的地位和劳动者履行劳动合同时的地位是不相同的，在用人单位和劳动者签订劳动合同的时候，两者之间的法律地位应是平等的，在劳动者履行劳动合同的过程当中，两者之间处于支配和被支配的关系。

二、劳动合同的订立

（一）劳动合同的订立原则

订立劳动合同应当遵循以下原则：

（1）合法原则，即劳动合同的内容和形式必须符合法律规定。

（2）公平原则，即劳动合同应当公平合理地确定双方的权利和义务。

（3）平等自愿原则，即劳动者和用人单位订立合同时的法律地位是平等的，订立劳动合同也是双方当事人真实想法的表现。

（4）协商一致原则，即用人单位和劳动者对劳动合同的内容达成一致意见。

（5）诚实信用原则，即双方订立劳动合同要诚实守信，不得有欺诈行为。

（二）劳动合同订立的形式

在大多数情况下，书面形式是劳动合同订立的主要形式。

首先，劳动者从履行劳动合同之日起，便与用人单位建立劳动关系。当劳动者和用人单位建立起相应的劳动关系之后，应该订立书面形式的劳动合同。

其次，劳动者和用人单位之间已经建立了相应的劳动关系，同时还没有订立书面形式的劳动合同，用人单位应该从劳动者工作之日起，一个月内订立书面形式的劳动合同。

最后，若用人单位从劳动者工作之日起，没有在一个月内订立书面形式的劳动合同，用人单位应该从劳动者工作之日满一个月的次日，至满一年的前一日，向劳动者每日支付2倍的工资，并且在劳动者工作之日满一年的当日，和劳动者订立没有固定期限的、书面形式的劳动合同。

（三）劳动合同的种类

固定期限、无固定期限以及完成一定工作任务的期限是劳动合同的三种类型。当用人单位和劳动者在订立劳动合同的时候，约定好劳动合同的终止时间，我们将其称之为固定期限的劳动合同。当劳动者连续两次和用人单位订立了固定期限的劳动合同后，那么用人单位就可以和劳动者订立无固定期限的劳动合同。

当用人单位和劳动者订立劳动合同的时候，没有明确终止合同的具体时间，我们将其称之为无固定期限的劳动合同。

当用人单位和劳动者订立劳动合同的时候，两者约定好完成某一项工作任务，我们将其称之为以完成一定工作任务为期限的劳动合同。

（四）劳动合同订立的主体

劳动合同订立的主体分别为用人单位和劳动者。

用人单位不仅具有一定程度的用人的权利能力，同时也具有用人的行为能力。以下两种情况用人单位能够与劳动者订立劳动关系：一是用人单位设立的分支机构，按照相应的法律法规获得营业执照或者登记证书；二是用人单位虽然没有获得营业执照，但是受到用人单位的委托依旧能与劳动者订立劳动合同。

劳动者除了年满 16 周岁之外，同时也要有劳动的权利能力与行为能力。

（五）劳动合同的内容

（1）用人单位的名称、用人单位的住所以及用人单位的法定代表人或者用人单位的主要负责人。

（2）劳动者的姓名、劳动者的住址和劳动者的居民身份证或者劳动者的其他有效身份证件号码。

（3）劳动者和用人单位订立的劳动合同期限。

（4）劳动者的工作内容、劳动者的工作地点、劳动者的工作时间以及劳动者的休假时间。

（5）劳动者应该获得的劳动报酬。

（6）劳动者的社会保险。

（7）劳动者的劳动保护、劳动者的劳动条件以及劳动者的职业危害防护。

（8）法律、法规规定应当纳入劳动合同的其他事项。

在劳动合同当中，除了一些必须存在的条款，双方还能够约定其他的事项，如试用期、培训等。

第三节　员工关系管理

一、现代员工关系管理的发展状况

在人力资源管理当中，员工关系管理不仅在其中有着重要的地位，同时也是其组成部分之一，人力资源管理从根本上来说是对人的管理，而员工关系则是指与员工这一群体有关的各种复杂关系的总和。对员工关系的管理便是从理论层面探讨规范化的员工管理制度，其贯穿于招聘配置、培训开发、绩效考核、薪酬管理以及劳动关系等方方面面，员工关系管理始于员工入职时。

二、员工关系管理的发展历程

员工关系管理源于传统的"劳动关系管理"，即早期资本主义工业化时代的劳动关系管理。此后随着科学管理理念、行为管理理念、人本主义管理理念等的发展，员工关系管理逐步取代了传统的劳动关系管理，成为时代的主流。

（一）劳动关系管理

18 世纪中期，西方资本主义国家开始进入工业化时代。随着生产工具、工作方式的变化，资本主义经济制度发生了本质改变，机器生产取代了原始的手工作业，传统的农业社会过渡到工业社会。在这个时代，工厂生产规模逐渐扩大，企业需要雇用越来越多的劳动力进行生产，同时，由于社会的剧烈变革，大量劳动者失去赖以生存的土地，为了谋生，他们纷纷进入工厂工作。工厂员工的不断增加，催生了新型的雇佣关系，即资本家与劳动者之间的劳资关系。

时代在发展，科技在进步，劳动关系随着社会生产力发展水平的不断提高，以及社会结构的变化呈现出了一种全新的时代特征，在面对新的劳资冲突与协调实践的时候，只用传统的劳资关系理论已经无法进行全面的概括和总结。伴随着管理思想的不断发展，员工关系管理逐渐取代传统的"劳动关系管理"。

（二）员工关系管理

19 世纪中期到 20 世纪初期是资本主义自由经济向垄断经济过渡的时期，科学技术不断进步，新技术革命带来了流水线作业的发展，企业规模越来越大，资本渐趋集中，同时，各国经过经济危机的打击逐步认识到政府干预的重要性，政府开始介入企业管理，保障员工的适当利益，稳定社会秩序。20世纪初，西方学者从人力资源管理角度提出了员工关系管理，取代了劳动关系管理的概念，随后，员工关系管理获得了长足的发展。

现代企业更加重视"以人为本"的员工关系管理理念，这是经济发展和社会变迁对企业管理提出的新的挑战，是员工关系管理的必然选择。在历史上，人本管理思想的发展经历了X理论、"社会人"理论、Y理论、Z理论、"复杂人"理论以及职工持股等若干演变过程。现代人本管理倡导人既是管理的主体又是管理的客体，认为组织不仅要关心成员的物质利益，更要关心其自我价值的实现。现代人本管理以尊重人、关心人和热爱人为出发点，强调弘扬人性，给人以尊严，提倡开发人的潜能、体现人的价值，最终达到自我实现的目的。

（三）我国企业员工关系的管理与企业性质和经济政策环境密切相关

在计划经济体制下，为了集中力量提高生产力，国家对企业实施严格的控制。企业作为国家机器的附属存在，生产的产品品种、数量、技术、产品的使用方式以及企业职工的劳动报酬都是由国家计划部门统一规定的，企业没有任何的自主权。劳动者去哪一家企业工作、劳动者在企业中所得到的一切利益包括各种待遇都是由国家分配与决定的，企业只不过扮演了一个"中介"的角色。

改革开放以来，我国企业员工关系管理在经历了最初强烈的物质利益需要后，随着市场经济的深入发展、人们生活水平的提高，以及企业员工素质的不断提升，员工更为看重工作环境、员工福利和工作氛围等非物质的需求，我国企业管理实践树立起了"以人为本"的管理理念。现如今，"以人为本"的管理工作，从某种程度上来说已经随着社会主义实际市场经济，以及知识经济和信息经济的飞速发展，开始慢慢地形成一种全新管理的思想和思路，同时在一定程度上来说是以知识、技能等为核心内容的"能本管理"。现代管理的基本原则就是"以人为本"，同时"以人为本"也是现代管理的主要理念，"以人为本"强调和注重的是人在相关组织过程当中的主体地位，以及发挥出来的主导作用，从而在实行管理活动的时候，强调和注重围绕人的积极性、主动性以及创造性来进行。"能本管理"的理念是以人的能力为本，是人本管理发展的新阶段，也是更高层次和意义上的"以人为本"。

三、员工关系管理的内容

员工关系是指组织中由于雇佣行为而产生的关系，员工关系管理则是针对管理者、员工和团体之间产生的，由双方利益引起的，并受经济、技术、政策、法律制度和社会文化背景影响的对合作、冲突、力量和权力等关系的管理。员工关系贯穿于企业管理的方方面面，员工关系管理的内容包括：劳动关系管理、员工纪律管理、员工人际关系管理、企业沟通管理、员工绩效管理、员工心理管理、企业文化建设、员工关系管理培训、服务与支持等。

（一）劳动关系管理

劳动关系是指劳动者与用人单位（包括各类企业、个体工商户、事业单位等）在实现劳动过程中建立的社会经济关系。这种雇佣关系的正常运转需要一定的外在保障力量，否则，恶劣的劳动关系会造成企业和社会的损失。企业劳动关系管理包括员工上岗、离岗面谈及手续的办理、定额定员的管理等日常管理以及劳动争议、人事纠纷和意外事件的处理等。

（二）员工纪律管理

无规矩不成方圆。企业的正常运作也离不开企业的规章制度、劳动纪律等。员工纪律管理是指引导员工遵守组织的各项规章制度和劳动纪律，维持组织内部良好的秩序，并且凭借奖励和惩罚等措施纠正或塑造员工的工作行为，提高员工的组织纪律性，同时，员工可以通过书面或者口头的形式对组织或者企业的有关规定提出建议。员工纪律管理在某种程度上对员工行为起约束作用，同时，也有利于不断完善企业的管理方针，使其在动态发展中渐趋成熟。

（三）员工人际关系管理

员工人际关系管理是指引导员工建立较好的工作关系，创建有利于员工建立良好人际关系的环境。在市场经济体制下，社会环境不断变化，不确定性增强，这也就使得无论是管理者，还是员工面对的工作压力、工作量以及工作时间，都会变得越来越大、越来越多以及越来越长，劳动者和用人单位在此影响下，雇佣关系逐渐不稳定，以及劳动者的流动性越来越强。除此之外，员工和管理者随着社会迅速发展，以及全球化趋势的进一步加深，无论是个性还是思想观念都更加多样化。在一定程度上使得企业和员工之间的沟通和冲突管理面临更大的困难和挑战，企业员工之间的良好的人际关系处理，和以前相比，更加复杂，在复杂多变的管理环境中进行有效的员工人际关系管理显得尤为重要。

（四）企业沟通管理

保证企业沟通渠道的畅通，引导企业上下及时进行双向沟通，有利于消除管理者和员工之间的误会和分歧，有利于形成良好的工作氛围。企业沟通管理以心理契约理论为指导，包含员工的参与管理。心理契约是员工关系管理的核心内容，是组织承诺的基础，以员工满意度为目标影响着员工的组织行为。基于心理契约的员工参与是实现企业沟通的良好途径。员工参与使其角色发生改变，使其主人翁意识和积极性不断增强，让员工参与某些政策的制定使其更能理解制度的作用和管理者的工作，从而有利于实现企业的和谐发展。

（五）员工绩效管理

绩效管理是指各级管理者和员工为了达到组织目标而共同参与的绩效计划制订、绩效辅导沟通、绩效考核评价、绩效结果应用、绩效目标提升的持续循环过程。绩效管理的目的是持续提升个人、部门和组织的绩效。绩效考核是员工关系管理的重要内容之一，其与薪酬、晋升等相联系，是影响员工关系的敏感因素。制定科学的考评标准和体系，执行合理的考评程序，既能真实反映员工的工作成绩，又能促进员工工作积极性的发挥。在员工绩效管理中，保持和谐的员工关系需要注意引导员工正确认识绩效考核，消除其恐惧感和抵触感，在制定考核指标时应尽可能量化，保持公平、公正、公开，注重考评过程的公正性和客观性，完善考评反馈机制，及时处理考评中出现的各种问题。

（六）员工心理管理

随着我国经济社会的不断发展和行业改革的不断深入，企业员工面临着更多物质和精神上的考验，员工心理也随之发生诸多变化。逆反、抵触、失衡和狭隘思想是当前员工中存在的比较普遍的问题，员工心理问题是员工关系的一个重要影响因素。员工关系管理需要时刻掌握员工心态的变化，在企业内进行满意度调查，预防各种谣言和员工怠工现象的出现，解决员工关心的问题。

（七）企业文化建设

企业文化是伴随企业发展形成的企业氛围，是企业发展的"软实力"，也是企业竞争力的重要表现。企业文化建设是指企业文化相关理念的形成、塑造、传播等过程，是企业重要的组成部分。企业文化如同社会道德一样对企业员工具有内在约束作用，良好的企业文化能够增强企业的凝聚力、向心力，激励员工树立开拓创新、建功立业的目标，促进企业经济效益的提升。企业管理者需要重视企业文化的建设，塑造积极有效、健康向上的企业文化，引导员工树立正确的价值观，维护企业的良好形象。

（八）员工关系管理培训

员工关系管理培训是指组织员工进行人际交往、沟通技巧等方面的系统培训。在企业培训中，一方面，培训机制仍不健全，培训的随意性大，缺乏明确的培训目标，缺少专业的培训指导教材、培训讲师，对培训教师的授课内容缺乏必要的监督和检查，培训方式简单粗暴，培训成果转化不明显；另一方面，培训的作用没有得到企业管理者的高度认可，有时只是应对上级检查，同时人才流动的频繁性使得管理者担心培训成本得不到合理的回报。建立健全完善的培训机制对于员工关系管理具有重要作用。

（九）服务与支持

员工关系管理包括对员工提供服务和支持，即为员工提供有关国家法律、法规、公司政策、个人身心方面的咨询服务，协助员工平衡工作与生活。对员工提供相关的服务和支持，为员工解决工作和生活中的难题，有助于发展和谐的员工关系，传递互帮互助的正能量，形成良好的企业工作氛围，留住更多优秀的人才。

第四节　多维视角下和谐劳动关系建立的路径与机制

一、制度重构：拓展和谐劳动关系的制度化机制

现如今，正处于市场经济的时代背景下，企业和职工随着企业改制以及新型所有制形式的蓬勃发展，其利益关系正处于不断调整的状态下，这也就使得企业和职工之间无可避免地产生利益失衡。其中，劳动者和用人单位的劳动关系呈现出一种"资强劳弱"的全新态势，这是表现最为突出的负面效果，最为根本的原因是改革前和改革后生产要素力量的变化，改革后生产要素中价值和地位上升的是资本、技术等，改革后生产要素中价值和地位下降的是劳动者的劳动力等。

与此同时，也产生了一种"资本崇拜"的不良现象，使得资本和老板文化分别成为权力的中心。这些在一定程度上都会对和谐劳动关系的建立产生很大的不良影响，想要有效地改变这一状况，需要在制度层面做出相应的改变和调整。

首先，法律规制。对劳动关系的相关法律法规，从立法的角度对其进行修改和完善，同时创新与其相关的专门性法律法规。当前，通过对各种不同性质的企业，以及各种不同类型的企业，进行的深入观察、分析和研究，和谐劳动关系的主要制度、机制以及形式有工会、民主测评等。这些和谐劳动关系的制度、机制以及形式，站在法律规范的角度来看，在各种不同的法律文本中，如《企业法》《工会法》等，虽然都有所表述，但是表述的程度是不同的。

这些法律规范与保障从总体的角度来看，不仅没有集中在一起，同时也缺少一定的整体性和系统性，随着企业员工权利要求的不断增长，呈现出一种极为明显的脱节现象，因此不仅无法从法制的角度对员工的合法权利进行有效的维护，在一定程度上无法真正地满足员工的民主要求。站在拓展法律规制工作的层面来看，修改和完善现有劳动关系的相关法律法规时，最为关键的是专门起草和职工民主管理制度相关的法律或者法规，其中主要的问题是职工民主管理的专项法律

法规有着非常明显的欠缺，面对此种情况，必须起草专门性的相关法律法规，以便于明确、统一和规范各种单位的民主形式。

其次，制度救济。简单来说，就是除了借助国家、政府的权威力量之外，同时也借助国家、政府的规制权力，不仅对处于弱势劳动关系的一方进行社会支持，也对其进行相应的权利救济。因为我国无论是政治体制，还是社会管理体制，和其他国家相比是非常独特的，所以党和政府在进行社会管理和服务的时候，在很多方面除了发挥着主导性的作用之外，同时也承担着重要的责任，为一些处于比较弱势的组织、机构以及个人提供相应的制度救济。

政府在劳动关系当中处于非常重要的地位，不仅是相关规则的制定者，也是对其进行处置的重要协调者和监督者，因此就需要适当的行使政府的权威力量以及规制权力。此种手段为吸纳企业职工自发的群体性救济开拓了新思路，特别是为非规范性社会行为和破坏性社会行为提供了替代方法和路径，构建起了制度支撑，为进一步促进劳动关系的理性与和谐发展奠定了良好的基础。

和谐劳动关系制度救济的内在动因包括很多方面，一是国家主导性，对于处于转型性的劳动关系，国家除了有义务之外，也有责任对其进行补偿和支持；二是形式化的集体行动权，面对劳动者权利的部分缺失，国家、政府需要对其进行相应的干预，适当的有效引导，以便于有效地弥补因权利缺失产生的不良影响；三是工会的影响，工会是和谐劳动关系的基本形式之一，它从某种程度上来说受到多个方面的制约，不仅受到"双重受托责任"的制约，同时也受到了多维目标诉求的束缚，具有非常鲜明的"制度性弱势"，不仅使得劳动关系各方主体之间的力量难以保持有效的平衡，同时也使得其制度很难保持均衡。

政府在面对此种情况的时候，需要为企业职工提供相应的制度救济，特别是在化解劳动关系矛盾的时候，在制度性方面遇到困境或者挑战，或者在劳动者代表机构"不能为、不可为和不愿为"的时候，更应该提供制度救济。

最后，机制创新。组织应开展机制创新的示范和推广活动，无论是在运作机制还是在三方机制方面，都进行一些示范性和推广性的机制创新活动。首先，无论是工会还是职代会，均作为单位民主的基本组织以及基本形式，在通常情况下，单位民主的制度化水平是由运作机制的通畅性、高效性以及合理性决定的。工会想要进一步完善制度以及创新机制，有很多问题需要重点关注和重视，其中主要有以下三个问题，一是利益代表，二是组织覆盖面，三是维权能力。为了更好地解决这些问题，可以给予工会组织更多的资源和手段，为工会工作创造更好的工作环境，以及提供更好的工作条件，将更多的事情，如政党所需、职工所急等相关问题，交给工会组织去解决和办理，将工会组织在社会方面的影响力逐步扩大，进一步促进工会事业的快速发展，营造良好的发展环境和氛围，从而更好地适应工会制度建设。职代会的相关制度建设，如选举制度、会议制度等都属于内容方面的制度建设。其次，三方机制是劳动关系进行相互协调沟通的方式之一，无论是它的组织形式，还是其运作的规则和机制，对单位民主发展的走向以及实现路径有着重要的引导和指引作用。三方机制主要指的是三方（政府、工会以及企业家）借助相应的组织形式以及程序规则，有效地解决与劳动立法等相关的各种问题，通过相互之间的沟通和协商，最后完成合作共事的过程与方式。三方机制实际上是一种社会对话机制，它是政府和劳动关系双方代表之间的桥梁和纽带，三方机制的主要基础就是双方之间的共同利益，主要目标是双方之间劳动关系的有效协调和调整要充分遵循公平和公正的原则。

随着社会经济以及社会生产力的快速发展，三方机制也遇到了很多的问题和挑战。一是与三方机制有关的法律法规还不健全和完善，虽然已经有了与其相关的法律，可以对其进行有效的规范，但是运行和调整的机制还缺少详细、具体以及可以进行有效操作的制度。二是劳动关系双方在代表性上的相关问题，工会组织和企业层面相比较，从一定程度上来说位于一个相对比较劣势的地位，企业组织和社会相比较，则也位于一个相对比较劣势的位置，这两者之间呈现出一种不平衡的状态。

面对这些问题和挑战，不仅应该完善三方机制，同时也应该创新三方机制，因此可以采取以下措施：一是构建和健全三方机制基本和配套的法律法规，将三方机制制度化，并且努力提高支持的力度；二是通过一定程度的形式创新，如行业协会等，从而将工会与企业的组织代表性进一步的提升和增强；三是将三方机制的职能范围不断地延伸和拓展，把社会当中的力量最大限度地整合在一起，从而可以进一步拓宽社会的对话渠道，以及社会对话的空间。

二、组织重建：积聚和谐劳动关系的组织化力量

法律法规政策等制度性的规制在一定程度上，推动和促进了民主政治建设的顺利进行，同时更是在对基本价值的相关层面，如民主、维权等，职能定位的组织形式，以及机制的建立健全党和良性运动的基础上面进行的。工会和相关组织是企业职工的基本组织依托，主要展现在权益的有效维护、利益的充分表达以及民主的参与程度上，因此，它们的健全程度和相关运行绩效，不仅对和谐劳动关系的发展状况有着引导作用，同时也在一定程度上对和谐劳动关系的发展有着重要的引导作用。由此，我们也可以进一步看出来，组织和构建和谐劳动关系的中心与核心内容是工会的组建以及工会的运行状况。

从法律法规的角度来看，《劳动法》《公司法》等法规虽然都在一定程度上规定了员工组建工会的权利，但是目前劳动关系依旧有着非常明显的"形式化"特征，主要表现在民主的组织体系上，单位民主的形态以及单位民主的功效，不仅由组织体系的架构方式决定，同时也在受到民主化深浅程度的影响。这也直接说明了组织建设和谐的劳动关系需要一定的现实必要性，对组织建设进行强化，不仅有利于寻找和谐劳动关系的组织依托，以及与其相对应的实施平台，同时也可以将劳动关系力量对比结构的不平衡状态进行扭转和改变，并且使员工的行动能力得到大幅度的提升，以及快速提升员工的民主意识。

首先，工会组建方式。工会组建方式主要有两种：第一，由上级工会或者地方政府由上到下组建，并且主要是基于多种内在动力不足的因素，如员工组建工会没有较强的民主意识等，按照《工会法》当中的相关规定，政府应在企业工会组建的时候提供各种行政支持和帮助。第二，企业在相关政府部门以及工会系统的引导下，通过管理层或者行政层快速地组织建立起工会组织。其中，公有制单位和非公有制单位的组建方式是不同的，前者主要是通过投票表决的方式，由企业政党领导指派或者提名，然后再由会员代表大会或者工会委员会共同投票表决，这在公有制单位当中是非常典型的组建方式；后者则是由企业老板将其作为人事安排的具体事项，从而进行相应的指定，最终通过一些比较形式化的表决方式产生。

公有制单位和非公有制单位虽然组建主体与组织结构上有一定的不同，但是从实质上来说并无根本的差异，对其他组织的依附性就是这两种组建方式的共同特征，其中工会活动经费由企业的行政部门划拨，工会属于企业内部的机构之一等，这些都是它们的共同表现特征。

因此，在组建基层工会组织的时候，既要独立于企业，又不依附于政府，同时要经过企业职工自身不断的努力，自主联合推动和促进产生，以上除了是建设工会组织的基本方向之外，也是双方构建和谐劳动关系的核心和关键所在。

目前，组建工会的方式主要有三种，一是产业工会，二是行业工会，三是工会联合会，这三种方式不仅具有一定的组织创新性，同时在实际社会当中也具有一定的现实操作性。无论是企业的一方，还是劳动者的一方，都可以组建产业和行业的协会和工会，其中前者是在生产和发展的基础上组建的，后者则是在工作特点和相关利益的要求上面组建的。现如今从非公企业相对比较集中地区的运行状况来看，在工会组建的工作当中，无论是产业工会的组建，还是行业工会的组建，都已经成为一道极度亮眼的风景线。无论是产业工会还是行业工会，其组织优势都非常的明显，在一定程度上为构建双方和谐的劳动关系，提供了非常有力的组织支持，主要表现在以下几点：一是将产业或者行业的力量结合在一起，并且有效地借助这些集中在一起的"拳头"力量，来克服和解决企业工会当中的各种突出性问题和挑战，不仅有效地摆脱了企业单方决定机制的束缚，同时也促进了双方集体协商共决机制的有效建立。二是有效地借助各种机制创新，在行业工会或者产业工会当中大力的宣传和推行工会主席职业化，并且借助组织身份独立化，来成功打破和摆脱企业的制约和束缚。三是由行业工作作为代表，与其相对应的行业协会来签订集体协议，然后基层工会在已经签订好的集体协议的基础上，与企业在详细的劳动事项当中进行更进一步的有效协商，使企业的工会和经营者可以最大限度地避免或减少直接矛盾，从而使职工的各种权益在一定程度上得到了有效的保障。

产业或者行业的工会在组建工作的过程当中最为关键的节点就是，对产业、职业以及阶层的结构新变化进行重点的关注和重视，要瞄准一些流动性比较大的非正规就业人员，在面对具有区域性、网状化以及多层次的工会组织机构，以及相关工作平台的时候，要对其进行重点的关注，同时也将多方的资源有效整合在一起，充分发挥出集体的优越性。工会联合会虽然和产业、行业的工会是一致的，但是它充分运用了各种新形式，如所有制多元化等，将中小企业工会联合在一起，从而最终进一步实现工会力量的有效集中化。

其次，工会及干部选任。工会及干部的选任与组织的产生问题有着极为紧密的联系，并且独属于工会的内在规定性，对工会的运转来说在一定程度上具有相应的基础性以及根本性。因为企业民主不仅具有一定的基层性和直接性，同时也具有群众性，所以大多数情况下直接选举是工会组织的选任方式，最为民主和有效。因此，直接选举成为第一个实现在选任方式上的有效创新。我国在1986年就开始尝试工会直接选举，并且将位于珠江三角洲的广东深圳蛇口工业区作为第一个试点，到1988年，无论是在基层工会，还是在工业区联合会，工会直接选举的方式已经全面铺开，到2003年，广东已经有将近三分之一的企业实行了工会直接选举。

除此之外，工会的相关干部，尤其是工会的主席，从某种程度上来说是工会的人格化代表，不仅可以影响工会的民主化进程，同时也会对民主化的实践产生影响，这些影响具有一定的直接性和主导性，由此我们可以看出来，衡量工会直接选举绩效的重要标尺就是工会主席是否直接选举。同时，也有很多工会的主席重视和关注直接选举，并且进行重点有效的突破，以便于更好地为工会开拓和寻找新的切入口。

工会主席直选无论是从创新性的程度，还是从制度化水平和机制化效果来看，有很多的亮点和优点：第一，工会在工会主席的产生机制层面，大多数情况下，不会特别明确地指定工会主席候选人，仅仅将任职的条件公布出来，从某种程度上来说充分尊重了工会职工的意愿。第二，工会在工会主席的工作机制层面，不仅对企业工作的相关职业，以及工会主席的职权进行了确定，也明确了工会组织领导体制和工会组织工作机制，同时工会主席在企业当中担任副职，超过200人以上的企业设立专职工会主席。第三，企业工会主席在管理制度上实行市、县（市、区）工会分级管理，总工会负责企业工会主席的日常管理。

最后，工会干部职业化和社会化。无论是工会干部的职业化，还是工会干部的社会化，从内在逻辑关联上来看是对工会直选的有效适应以及有效超越，工会直选通过多种选举技术的引入，如竞争、不记名等，从一定程度上来说，无论是对工会干部的能力，还是对工会干部的素质都提出了更高的要求。

同时，从主体要素的角度来看，无论是工会干部的职业化，还是工会干部的社会化，不仅充分满足了工会的独立性与自主性的需求，也促进了工会干部直选的适应性转变，以及有效地拓展了工会干部直选的方式。工会干部有着非常严重和明显的兼职特点，无论是身份、角色，还是工会干部职责的履行，从某种程度上来说都有着极为明显的依附性，这是工会干部职业化和社会化最基本的问题。在工会干部职业化和社会化的过程当中，除了能够在众多环节充分遵循相关法律法规的规范性要求之外，也可以将员工的相关利益作为导向，在开展组织各种工会工作的时候带有一定的专业化和专门化，从而最终有效地实现和谐劳动关系的精神回归。

工会干部身份独立明确从某种程度上来说就是工会干部职业化，工会工作就是工会干部的全部职责，同时工会干部通过一定的工会工作得到经济利益，同时也得到了社会地位。工会干部社会化，大多数情况下指的是，工会干部无论在具体工作方式上，还是在相关的工作内容上都社会化。工会干部运用各种有效的社会化的工作方式，最大限度地发动社会各方面力量，以利于在工会工作方面得到更多的有效支持，通常情况下，我们将其称之为工会干部工作方式的社会化，它的内容包括很多方面，如为了让工会拥有一个良好的社会形象，不断地向社会和职工进行宣传和推广。

当前，从黄石（首创）、鞍山等工会干部职业化与社会化的实践情况来看，它们大多数采用的方法是向全社会进行公开招聘，应聘者在应聘工会干部的时候需要通过区总工会的众多考核，如工会理论等，把所有来应聘工会干部的合格者纳入工会专职干部人才库当中，区总工会在新建企业组建工会的时候，就可以从人才库当中挑选合适的优秀人才，最终这些被挑选出来的优秀人才被区总工会以"工会筹建人""工会协理员"的身份派往企业。他们到企业之后通过做职工和企业老板的工作，成立工会，与此同时，他们需要通过民主选举的方式，成为企业的工会主席，并由区总工会支付工会主席的工资。

三、文化重塑：营造和谐劳动关系的文化内聚力

文化建设作为机理性要素，隐藏在制度性和组织性民主要素的背后，不仅有着较强的稳定性，也有着一定程度的自主性，对和谐劳动关系各方利益的相关者来说，其行为方式有着极为深远的重要影响。现如今，面对劳动关系领域文化要素极为缺失的现象，将从三个不同的角度提出了完善举措：

其一，无论是劳动关系的甲方，还是劳动关系的乙方，双方都应该放弃冲突和对抗的文化，将"劳资关系""互利共赢"的意识成功地树立起来，从而营造出一种让双方有效协商和有效沟通的文化氛围，最终实现劳动关系的"合作博弈"，最大限度地规避和减少劳动关系双方的"暴力相向"等不良现象和状况的出现。

目前，产生矛盾和冲突的原因主要是劳动关系双方之间缺少"劳资两利"和"互利共赢"的意识与相应的协商和有效的沟通理念。从劳动关系当中劳动者的层面出发，缺少相应的组织管理与纪律规范，劳动者基本处于一种散兵状态，有的劳动者保守，有的劳动者太过激进，无论是目标还是行为都极易产生分歧，因此无法形成有效、持续的合作等，这些都是劳动者非合作以及非理性的行为倾向。劳资两利主要是指在处理劳动者和资方劳动关系的时候，除了需要对劳动者应该得到的权利进行有效的维护之外，也要对资方在经营过程当中依据生产资料所有权占有剩余价值的正当性进行有效承认。

在改革开放以后，无论是经济、政治还是文化，都得到了快速的发展，所有制形式也在其影响下变得越来越多样化，同时劳动关系也要应对这些复杂多变的局面。劳动关系双方之间的矛盾、冲突和对抗也相继产生，需要注意的是给予矛盾和冲突双方之间都有责任，劳动关系的双方可以说几乎都参与了"零和博弈"。因此，想要充分化解劳动关系双方之间的矛盾、冲突和对抗，减少群体性事件的发生，除了需要使劳动关系双方树立"劳资两利""互利共赢"的意识之外，也需要为劳动关系双方营造一种相互协商和有效沟通的文化氛围，从而最终使劳动关系双方实现其关系的"合作博弈"。

其二，目前，企业在劳动关系当中处于比较强势的地位，因此企业应该在建

立和谐劳动关系的基础上，有效、合理以及科学地处理各种文化类型间的关系，从而促进这些文化的进一步发展。企业从主体、内容以及功能的角度来说，可以分为三种不相同的文化类型，一是企业文化，二是工会文化，三是职工文化。企业文化主要指的是企业在生产和发展的过程当中慢慢形成，以及进一步培养出来的，有着独属于企业的特殊文化。

无论是企业的价值观念、行为准则，还是企业的风俗习惯、规章制度等，企业的职工都可以成功地接受，并共同遵守；工会文化主要指的是，工会组织站在自身的性质以及特点的层面，为了可以充分尊重企业员工的主体地位，以及坚持以职工为本的坚定理念，为了能够进一步激发出企业职工投身到经济发展的热情当中，开展和组织各种文化活动，并且这些文化活动充分围绕着企业员工重点关注的利益问题；职工文化主要指的是，为了可以充分满足企业员工的精神文化生活需求，企业组织和开展各种文化活动，不仅是为了能够全面提升其思想道德和科学文化的素质，同时也是为了可以进一步培养其文明的风尚。

从企业文化、职工文化和工会文化的关系上来看，三者分别代表着企业整体利益、职工群体以及职工利益的文化，其中职工文化和企业文化、工会文化相比，较侧重于进一步满足企业职工的各种精神需求，工会文化主要是充分维护企业职工各种应得的权益。企业文化在相应的企业范围之内，通常情况下不仅包含了企业内部的工会文化，同时也包含了职工文化，企业文化和工会文化、职工文化三者不能互相替代。工会文化在相应的社会范围之内，不仅包含着企业文化，同时也包含着职工文化，并且职工文化与其他两种文化相比是独立的部分。工会文化和职工文化从特性的角度去看，其个性特点极为鲜明，它要求在企业的共性当中，除了强调个性价值之外，也要强调一定的群体性价值，尤其是要充分的维护和满足企业员工的各种基本利益和需求，从而达到企业员工利益最大化的最终目标。

我国和工会系统不仅对这三种文化之间的有效衔接与良性互动极为重视和关注，同时也会对三种文化当中的工会文化、职工文化进行适当的宣传、推广。企业文化站在主体要素以及功能分化的层面上看，对企业经营者一方的经济利益则更加重视，除了经济功能更加突出之外，企业文化的特性也更加突出了，工会文化、职工文化站在主体要素和功能分化的层面上看，对企业职工一方的政治和社会的权利、权益更为重视和关注，其政治和社会功能都体现得更明显。

其三，企业员工在权利义务对等的法律原则的基础上，进一步实现企业员工自身经济权利、政治权利以及社会权利的过程当中，也应该履行和承担工会会员、单位员工以及社会成员三种不同的身份，努力履行、承担与其相对应的义务和责任。因为，劳动者在劳动关系当中处于力量比较弱势的一方，不仅各方面的利益诉求能力弱小，同时也缺少相应的权益维护手段和方法，所以在法律原则当中第一步应该强化企业员工的经济权利、政治权利以及社会权利。

需要注意的是，强化企业员工权利不是对企业员工的义务和责任进行弱化，只有使劳动关系双方在权利和义务方面，保持一种基本对等的良好状态和局面，才可以最终实现劳动关系和谐稳定的目标。企业员工无论是作为工会会员的身份，还是作为单位员工、社会成员的身份，这三种身份对于企业员工而言都是并存的，其中有三个与其相对应的层次。首先，企业员工应该承担工会会员的相应责任，如缴纳会费等。其次，企业员工应该履行相应的义务，企业员工是企业利益的相关主体，也正是因为如此，企业员工的利益和企业生产经营状况有着极为紧密的联系，企业员工在进行维权活动的过程当中，也应该在一定程度上和企业的生产发展保持契合。最后，企业员工应该履行一定的社会义务，从单个企业的角度来说，劳动关系当中的资方在有一定能力的条件下，有权利追求企业自身权益的最大化，但是假如这些诉求对行业或者区域的进一步发展，产生了极为巨大的不良影响，那么资方就有必要进行适当的妥协。

四、能力重组：培育和谐劳动关系的主体能力

和谐、稳定劳动关系能力的建设，与劳动关系各方主体的众多能力的进一步培育和提升有着极为紧密的联系。基本上劳动关系各方主体的行动能力，是由劳动关系能力建设决定的，进而影响和谐、稳定的劳动关系从制度层面向着运行层面推进，以及从规范性的文化向着实际行动转化，因此在一定程度上影响着和谐、稳定劳动关系的构建。

在构建和谐、稳定的劳动关系当中，最为基础的能力要素就是职工和职工代

表的表达能力。因为，只有企业职工的利益要求得到相应充分和有效的表达，单位在决策的时候才可以真正地实现科学化、民主化以及规范化，同时单位的管理和发展才能得到相应的理解、支持以及动力。

另外，单位管理者只有充分了解和掌握了职工的内心诉求，以及劳动关系不和谐的原因，才能快速找到与其相对应的解决方式，真正地做到将劳动关系的矛盾与冲突化解和消弭。目前，我国的单位民主领域职工利益表达仍面临着很多的问题和挑战，如表达途径不畅通等，想要解决这些问题，需要采用各种有效的措施，如调整相应的政策等，从而进一步健全和完善职工利益代表机制与渠道，快速提升企业职工的表达能力，为和谐、稳定的劳动关系提供润滑作用。

首先，努力推动和促进企业职工利益代表机制的法制化，简单来说，就是劳动者组织推动和促进企业职工利益表达的立法，将职工利益表达，如组织形式、准则等进行充分的明确，通过法律的形式进一步强化企业职工利益表达的各项制度，充分地运用法律制度保证企业职工的利益表达权利。

其次，将企业职工的利益表达渠道进行创新，也就是运用各种措施来清理和解决各种困难和障碍，开拓更多企业职工利益表达渠道，对其进行有效疏通的同时，也要开辟一条全新的职工利益表达渠道，努力推动相关部门对进一步增强企业职工利益表达渠道的建设，特别是需要增加企业职工利益表达渠道的数量和种类。

最后，进一步强化工会的表达职能。工会的基本职责就是充分地表达和维护企业职工的各种合法权益，同时工会也是企业职工利益表达极为重要的渠道。工会除了需要履行相应的职责之外，也要努力加强工会的吸引力和凝聚力，以及不断强化工会自身的建设。与此同时，改变工会的机关化和行政化的不良倾向，通过各种有效的途径加强职工对企业的责任感以及使命感。工会需要主动了解职工的愿望和各种合理要求，不可以不闻不问，要敢于和善于表达，从而使企业职工的各种诉求，能够通过制度化的途径传送到相关部门。

众所周知，职工以及职工代表沟通能力是一个传递信息、交换意见，以及进行感情交流的过程，主要包括了单位职工和管理方的纵向沟通、交流的过程，以及职工内部横向的沟通、交流的过程。其中，单位职工和管理者之间的平等、相互尊重，在一定程度上对有效性沟通有着极为重要的影响作用，假如单位职工和管理者之间的地位差得太多，就无法实现和保障单位职工的应得权利，会使得单位职工和管理者很难进行有效性的沟通、交流和相互尊重。目前，劳动关系双方在力量方面严重的不对等，单位管理方在此种情况下，更应注重有效沟通的落实。工会沟通对话功能的开辟是最基本、常规化方式和手段之一，工会作为制度化和组织化的平台和窗口，有效地帮助劳动者进行权利的表达和维护，和单位管理方成功地建立沟通渠道，从而最终实现常规化的有效沟通。

职工以及职工代表的协商能力从某种程度上来说是职工一方的协商能力问题。职工以及职工代表的协商能力是劳动关系三方协商机制当中极为重要的组成部分，同时职工以及职工代表的协商能力离不开集体协商制度的有效支撑。劳动关系处置的制度化方式之一就是集体协商，同时在国际社会上也是通用程度比较高的协调机制。集体协商主要指的是，一个、一群或者多个雇主组织作为一方，一个、一群或者多个工人代表组织作为一方，双方之间签订和工作条件相关的有效协商，实际上是一个相互沟通、化解矛盾和分歧，最终双方达成共识的过程。集体合同制度通过各种法律与制度的规制实现价值，进一步强化劳动关系处置的整体性和劳动者个体的集体行动能力，有效地弥补和改善劳动关系双方之间在力量方面和地位方面的不平衡状态和局面，从而实现劳动关系矛盾的制度化处置，同时也进一步实现了其矛盾的组织化处置。

集体协商除了对集体劳动关系调整的正式规则进行了有效确立之外，作为化解冲突和矛盾的重要机制之一，也是进一步规范劳动关系事务，最终形成市场经济国家劳动关系制度的核心和关键。和谐与合作是集体协商积极倡导的相关理念，努力追求劳动关系双方的共赢局面，积极寻找和探索劳动关系利益的平衡和契合点。

第八章 多维视角下企业的核心人才与企业文化管理

核心人才与企业文化管理是企业战略管理的永恒主题，是企业生命意义的所在。本章主要讲述了企业的核心人才管理、积极构建企业文化、企业文化与人力资源管理的重要关系和多维视角下企业文化提升竞争优势的机理。

第一节 企业的核心人才管理

一、企业核心人才的界定

员工在企业当中受到过长时间的从业培训教育，除了在行业当中有着极为丰富的工作技术之外，同时也对企业当中的众多关键业务了解极为透彻，在专业技术上有着非常高的水平，通常情况下，我们将其称之为企业核心人才。在企业当中，核心人才往往占企业总体的五分之一左右，并且在企业发展和进步的过程当中，企业核心人才对其有着极为重要的影响。

除此之外，普通与核心的资源两者共同构成了企业资源。企业核心人才从某种程度上来说，是企业最有价值的人力资源。企业核心人才不仅在创造价值方面有着重要的作用和效果，同时也在进一步提升企业核心能力的关键活动中效果明显，对企业的可持续性发展有着极为重要的影响和作用。

企业核心人才不仅对企业的特殊知识有充分的认识和掌握，同时也对企业独有的特殊技能有着比较全面的掌握和了解，这在一定程度上和企业核心发展能力有着最为直接的紧密联系，由此，我们也可以看出，企业核心人才的战略价值，以及独特性程度都比企业其他人才要高。企业核心人才的四高特征主要表现在以下四个方面：

首先，高价值性。企业核心人才的工作技术非常的丰富，对企业的关键和核心业务有一个全面的掌握和了解，凭借着敏锐的洞察力了解企业的发展机密等，这些都在一定程度上展现出了他的高价值。

其次，高稀缺性。企业核心人才除了在技术和管理上面有着独属于自己的专长之外，同时也在技术、知识以及客户关系上有着非常大的优势，劳动力市场在一定时期很少有可以与其匹敌的同等性人才聚集地。在企业当中，企业核心人才无论是在专业性，还是在专用性上都很难被别人取代。与此同时，企业核心人才无论是在招聘成本方面，还是在重置培训成本方面，均明显高于一般员工。

再次，高回报性。企业核心人才和企业一般员工相比较，就工作质量方面，远远高于一般员工带来的效益，可以说企业核心人才可以为企业带来非常大的效益。企业核心人才的专业知识技能从某种程度上来说，就是企业经济运营的核心和重心技术。

最后，高流失性。企业核心人才虽然有着非常高的专业知识技能，但是和企业一般员工相比，忠诚度相对较低。因为他们往往对自己的发展目标有一个比较高的定位，所以对于他们来说，企业仅仅是其实现自我价值的平台和窗口。

二、企业核心人才管理中存在的问题

（一）忽视企业人才管理制度中的"以人为本"

良好的人力资源管理模式可以对"以人为本"的人才培养进行全方位的覆盖，并且有效地借助各种人性化的服务以及相应的概念，做到"事业留人、待遇留人、政策留人、情感留人"。大多数情况下，企业往往会忽视人才管理制度当中的人本主义，人才管理制度显得过于呆板，不够灵活，这样的管理制度则将会在一定程度上给企业员工带来困扰。

除此之外，在绩效考核当中，客观意识明显小于主观意识，分配制度非常的不公平，从而使企业核心员工被其他企业的优待吸引，企业的核心员工为了可以得到更加公平的对待和发展选择跳槽，最终使公司的核心人才大量流失。

（二）薪酬分配模式不合理影响核心人才工作热情

吸引企业核心人才的一个非常重要的点就是薪资待遇，企业核心人才的工作热情以及工作效果，从某种程度上来说和公平的薪酬分配制度有着极为紧密的正面联系。在当代企业制度当中，无论是薪酬分配模式的单一性，还是薪酬分配模式的绝对公平性，都没有办法将企业核心人才的劳动价值充分地展现出来，最终对企业核心人才的激励作用产生极为严重的不良影响。

除此之外，固定薪酬在企业薪酬分配模式当中占有很大的比重，虽然和企业的经营状况以及员工劳动贡献没有直接的因果关系，但是也会在一定程度上使得企业员工创造的价值和员工的薪酬分配极不匹配。在企业当中，对那些有着非常强的工作能力和积极、热情工作态度的员工来说，会在一定程度上使他们在心理方面受到打击，进而最终对企业核心人才价值的进一步发挥产生极为严重的不良影响。

（三）激励目标不明确导致核心人才缺乏积极性

企业核心人才在大多数情况下，他们的需求是多样化的。随着企业文化的进一步发展，出现了一系列的问题，如工作目标的单一性等，企业的现状已经无法满足员工日益丰富的需求。企业离职率持续升高的原因和源头就是企业严重忽视众多已经存在的企业问题，无法真正地对症下药。因此，企业应该制定各种有效的激励机制，为企业员工指明方向，以及促使企业员工找到准确的定位，从而做出与其相对应的职业目标规划。

对企业核心人才来说，提升企业核心人才工作效率以及工作积极性的一个重要前提，就是企业核心人员树立明确的工作目标，以及打造公平、公正和透明的企业内部环境。

对企业来说，企业人本管理的重要体现就是企业员工在工作的过程当中，能够斗志激昂。所以企业的管理者在面对企业核心人才缺乏工作积极性的问题时，应该着重强调和关注企业的激励目标。

（四）企业文化建设与核心人才激励机制管理思想缺乏联系

我们都知道，企业的灵魂就是企业的文化。优秀的企业文化可以对企业的员工起到相应的导向作用，同时也可以在潜移默化中规范、约束以及鼓励企业员工，企业为员工营造良好的企业文化氛围，不仅可以充分调动和激发员工工作的积极性和主动性，同时也能激发员工的创造性。现如今，众多的企业对企业文化的认识存在一定程度的偏差，企业的管理者不仅没有将其作为企业的重要任务之一，没有真正的落实，仅仅是把企业文化作为面子工程、思想政治工作，以及企业建设过程当中的宣传和摆设。

在企业发展的过程当中不仅没有真正地把企业文化与企业的生产运营充分地结合在一起，也没有将其真正地和企业核心人才激励机制管理思想充分地结合在一起。由此，我们可以看出，优秀的人力资源激励机制应将理论和实际相结合，把企业文化始终贯穿在企业核心人才的激励机制当中，使两者之间真正地做到相辅相成。

三、改善对企业核心人才管理的措施

（一）"以人为本"的情感激励

管理手段和管理技术随着时代的不断进步和发展日渐科学化，无论是数字化还是量化评估，在其管理当中所占的比重和地位逐渐变大。众所周知，人是企业的主体，用资本的力量来进一步控制企业的生产经营，用各种制度条约对员工的行为进行约束，将人本主义淡化是一种非常不合理的行为。企业想要在民主管理当中展现出"以人为本"的理念，可以采取以下措施。

首先，企业对民主管理的意识进行不断地强化，同时将企业核心人才的主体作用进行有效的明确，以及企业授予核心人才足够的权利。

其次，企业要充分尊重企业核心人才的独特个性，对企业核心人才的全面发展给予重视。

最后，企业充分完善和健全民主管理机制和监督机制，将企业核心人才的权利进行有效性的扩大，从而使企业核心人才可以有效地参与内部管理、活动组织以及一些比较重大事项的决策，充分调动和激发企业核心人才更大的工作热情以及相应的责任感。

在众多的激励机制当中，情感激励是一个非常重要的方式。情感从某种程度上说有着非常大的激励作用，站在员工的层面来讲，情感是非常直接的激励因素。企业管理者或领导的感情感染力是不需要任何实际成本的，情感的投资可以在不知不觉当中达到激励员工的良好效果。企业在发展的过程当中，企业的管理者或领导要善于运用感情，给予企业核心人才更多的关心和爱护，为员工营造一种努力向上、拼搏奋斗以及团结合作的良好工作氛围和环境，这些都是企业管理者或领导在人才管理的过程当中，非常巧妙地将情感因素成功融入其中的表现。

企业管理者或领导为员工营造一个极为公平、公正、公开的内部环境，建立相应的企业人才激励机制，以及努力培养企业专业人才的领头人，从某种程度上来说是企业重视和关注员工发展的重要内容。企业管理者或领导在管理企业的过程当中，融入情感因素的时候需要努力加强企业核心人才的团队建设，将企业核心人才渠道进行有效性的拓宽，对企业的人才结构不断优化，以便于留住企业众多优秀的核心人才，调动和激发他们工作的积极性、主动性和创造性。企业管理者或领导采取的这一系列措施除了可以充分调动和激发员工的荣誉感和成就感，促使他们在工作的过程当中时刻保持良好工作状态之外，也可以促使企业成功进入"三高（高薪资、高效率、高效益）"的良性循环。

（二）明确化的目标激励

除了相应的物质需求之外，企业核心员工也更加重视企业内部的晋升机制，这一机制是企业培养人才最有效的途径和方法，不仅可以有效地促使企业核心人才进行良性竞争，同时也可以促使企业核心人才树立正确、科学以及合理的工作目标。

为了促使企业核心人才得到更进一步的发展，企业可以为其设计"双梯晋升路线"，简单来说就是为适合、有机会或者不适合、没有机会的企业核心人才设计出两条不相同的晋升路线，把企业的核心人才按照合理的标准进行有效的分层处理和归类，有效解决具有不同能力特征和行为方式的核心人才的激励问题，从而最终使得企业的核心人才均能够得到与其相对应的晋升机会。

（三）科学化的制度激励

核心人才管理模型不仅需要和员工工作绩效有一定的关联性，同时也应对企业内部的文化和重大方针策略进行有效性的支持，只有这样才算是一个恰当、合适的企业核心人才管理模型。企业管理者或领导在对企业员工进行管理的过程当中需要将相关理论和实践充分地结合起来，不仅要对企业内部环境有一个深入的了解和分析，同时也要对企业核心人才的实际工作状况有全面深入的了解和分析。

企业管理者或领导在此过程当中需要寻找比较真实的研究对象，通过多种方法和组合，如高层深度对话等，对收集到的相关数据资料进行整合分析，以及有效性的信息归纳编排，最终构建出比较完善的核心人才管理模型。现如今随着企业激励机制的发展，企业核心人才激励机制当中出现了很多的问题和挑战，企业可以将这些问题作为突破口，并且充分利用管理思维，把各种激励理论，如物质激励等，进行融合并且贯穿于企业的管理过程当中。

依据科学模型合理、科学的数据分析，以及企业在现实中的各种需求和需要，快速、及时地对企业内部人力资源进行规划。其中，对人才内部环境的掌控和把握就属于人力资源规划，简单来说就是建立企业竞争制度和企业淘汰制度。企业除了需要采取相应的措施，对企业核心人才进行正确、科学的正面引导和激励之外，也需要对其制定相应的反向竞争淘汰机制，在这一过程当中把不适合企业发展的人才，或者在企业发展过程当中个人思想与企业文化不相符的人才，采用合理的方法释放到组织之外，从而在企业内部为员工打造一种比较良性的竞争压力，对企业内部人力资源动力的激活产生一定的积极作用。

此外，企业也能将末位淘汰和竞聘上岗的制度结合在一起，对企业绩效排名后几位的员工进行降职、调岗或者辞退处理，把核心人才安排在同一条起跑线上，优秀的人才重新委以重任，或者对其进行提升，从而推动和促进企业内部人力资源的正向整合。

（四）长期人性化的思想激励

人性化的思想激励可以在一定程度上凝聚和鼓励人心。因此，通过各种方法努力加强企业的文化底蕴、塑造企业的灵魂，促进和实现企业文化和企业人才培养战略思想完美融合，这是促进企业长期发展的不竭源泉和重要动力。文化管理随着市场环境竞争的日益加剧，在企业管理当中其地位也变得越来越重要。我们都知道，企业想要营造良好的企业文化氛围，其前提就是比较严格的管理和制度建设，与此同时，对员工的企业精神进行不断地强化，并为员工建立平等和互动的交流、沟通的平台和窗口。

通常情况下，维系公司员工的精神桥梁和纽带就是企业文化的核心价值观。良好的企业文化不仅可以对员工起到凝聚和激励的作用，同时也可以起到相应的规范作用和导向作用。企业对外交流的平台和窗口就是企业文化，其中企业成员共有的价值观念，以及企业成员共有的道德标准都在一定程度上展现了企业文化。只有将企业文化和人才培养战略思想完美融合，才能提升企业的整体文化思想高度，使相关理论充分与实际结合在一起，从而促进企业更好的发展。

在企业管理的过程当中想要实现人性化的管理制度，首先，要充分地倾听和尊重企业人才的各种合理意见和建议，最大限度地为企业员工创造发表意见的机会，努力扩大企业人才参与企业发展、内部管理以及组织活动等众多事项的决策权利，并且通过他们参与，使其享有更多的知情权和监督权。其次，鼓励和激励人才创新工作。

企业除了努力培养核心人才与时俱进，紧随时代潮流步伐的精神之外，也要鼓励和支持企业核心人才进行大胆的创新、尝试和实践，并重视和关注技术、管理和制度的有效性创新，从而形成市场主导创新，促进和推动企业实现跨越式的大发展。与此同时，企业在管理的过程当中也要关注和重视员工的人性化管理，在完善分配制度的基础上，充分建立更多的奖励措施和机制，并且要具有一定的层次感。

第二节　积极构建企业文化

一、企业文化的定义

目前，被广泛采用并得到多数专家学者认可的观点是：企业文化是指在一定的外部环境的影响下，在长时间的经营生产实践当中，经过长期的积累而慢慢形成和发展起来的，有着独属于企业自身特点，以及日益稳定的企业经营宗旨、人文环境等，并与其完美适应的思维和行为方式的总和。

二、企业文化的特征

作为文化的一个子系统，企业文化除了拥有一般文化所具有的共同特征外，还有其个性特征。这些特征主要包含以下几个方面：

（一）社会性

企业文化隶属于社会文化的一个分支，与社会文化紧密相连，两者之间相互影响。企业文化和其他文化相比较虽然有着独属于自身的个性，但是企业文化仅仅是社会文化的分支之一，在社会文化的背景下，企业文化位于从属地位。

企业文化脱离社会文化是无法真正生存的，如果企业文化和社会文化背道而驰，也必将被社会所淘汰。

（二）个体性

众所周知，每个企业都是独立的个体，因此不相同的企业，它们的文化风格也各有千秋。两个企业即使是在性质、管理组织等方面相似，在文化上面的特点也是不相同的。这主要是由企业生存的外部环境和企业内在条件决定的。

（三）稳定性和动态性并存

企业文化具有一定的稳定性和连续性，能够对企业员工的行为产生长期影响，不会因为日常经营环境的细微变化或者个别人员的去留而发生变化，但是企业文化不是一成不变的，也是处于不断变化、积累和革新的动态过程中，并随着时代的变革、企业内外部环境的变化而变化。因而，在保持企业文化相对稳定性的同时，也要时刻注意企业文化的动态变化。

（四）共识性

通常情况下，企业文化不仅是企业共同的价值判断，同时也是企业共同的价值取向，是企业大部分员工的"共识"，需要注意的是，因为在企业当中员工的素质参差不齐，无论是在观念方面还是在追求方面，都是复杂多样的，所以企业在构建企业文化的时候只能追求企业当中大部分人的"共识"。

（五）非强制性

企业文化强调和注重的是员工在文化上的"认同"，是对企业员工的主观意识性进行着重强调，简单来说，就是企业努力启发员工的自觉意识，并且借助自发意识最终达到一定的自律和自控。

因为企业的大部分员工从主观意识上认同了企业的某些文化，所以企业文化具有非强制性的特征。与此同时，因为企业中少部分的员工在主流文化的影响下，即使他们对企业的文化没有产生一定的认同感或者共识，也会被其约束和影响。

三、企业文化的功能

（一）导向功能

企业文化对企业以及企业员工的价值观和行为取向具有一定的引导作用，通常情况下，我们将其称之为导向功能，它主要包括两个方面，一是价值导向，二是行为导向。

企业文化导向功能是企业非常有力的工具之一，除了可以将企业员工正确引导到企业树立的目标方向上面之外，同时也可以使企业员工的思想、观念，以及员工的追求和目标与企业要求保持一致，从而最终使企业的员工为实现企业的目标一起努力奋斗。

（二）凝聚功能

该功能主要指的是企业文化将企业当中的所有员工凝聚起来，最终形成非常强大的整体力量的能力。通常情况下，企业的根本目标就是企业员工凝聚力的基础，只要选择正确的企业根本目标，就可以使企业的共同利益与企业大部分员工的利益进行有效的统一，简单来说，就是集体和个人树立共同的双赢目标，企业在此基础上就可以形成非常强大的凝聚力。

（三）激励功能

企业文化不仅可以振奋企业员工的士气，同时也可以在一定程度上增强其自信心，进一步实现企业设定的目标，通常情况下，我们将其称之为激励功能。

企业文化所形成的良好内部文化气氛以及企业文化的价值导向，不仅可以在企业员工工作时充分调动与激发其积极性、主动性，以及工作的创新性，同时也可以将企业员工的潜在智慧充分地激发出来，充分发挥企业员工的优秀能力，除了有效地提高各部门员工的自主经营能力之外，也快速提升了企业各部门员工的自主管理能力。

（四）规范功能

规范功能主要指的是企业文化可以对企业员工的行为，起到一定的规范和约束作用。企业文化通过一系列的规章制度以及行为准则，对企业员工的道德、纪律以及整体的观念进行强化，从而起到约束和规范个人行为的作用。

（五）辐射功能

企业文化向外扩散的能力以及传播的能力，我们将其称之为辐射功能。企业文化的外向性，以及企业文化的开放性，对企业文化的全面辐射功能有着决定性的作用，除了可以在企业内部的各个部门之间，有着一定程度的感染辐射力之外，同时也可以对其他企业或者相关社会群体产生一定的辐射功能。

辐射功能可以有效地促进企业与企业之间进行信息沟通和交流，不仅可以起到很好的相互学习和影响的积极作用，同时也可以起到相互参考和相互借鉴的积极作用，最终推动和促进企业自身文化的进一步发展和建设。

（六）互动功能

该功能主要体现在两个方面，一是对外互动，二是对内互动。其中，对外互动主要体现在企业文化可以对企业和社会之间的关系进行协调，促使企业无论是发展目标，还是发展方向，都可以和社会发展方向、要求保持一致，企业可以最大限度地从社会当中获得发展需要的资源，从而可以更好地为企业的发展和建设服务，与此同时，企业文化还承担着对外树立企业良好形象的光荣使命。

对内互动主要体现在对企业和各个分支机构、部门和员工之间的关系进行协调，同时和企业内部的时间资源等进行互动，从而促使企业的众多资源可以得到合理分配。

四、企业文化的载体

在企业文化形成和发展的过程中，载体发挥着至关重要的作用。企业文化的载体是指以各种物化和精神的形式承载、传播企业文化的媒介体和传播工具。这些载体是企业文化赖以生存和发挥作用的物质结构和手段。因而企业要想建设持久有效的企业文化，必须通过合适的各种载体来加以实现。

（一）物质载体

物质载体作为企业文化最直观、最具体的外观表现形式，在企业的生产经营活动中起着重要的基础性作用，是企业的价值观、经营理念和企业精神的物化表现。物质载体的显著特征就是看得见、摸得着，直观地表现出来，主要包括产品和服务、文字资料、文化媒介物、企业技术和设备、企业建筑和设施及企业内部环境等。

作为企业生产经营的最终成果，产品和服务是企业文化最重要的物质载体。在现代营销学中，产品和服务被认为是人们通过交换而获得的需求，被归结为消费者和用户期望获得的实际利益。因此，企业文化只有渗透于企业生产和提供的产品和服务之中，才能体现出自己的个性。

文字资料是企业价值观的集中体现形式，是构建企业文化最常用的载体。主要包括企业简报、企业内刊、企业网站、各种政策决议的文字材料、张贴栏中的公告公示、规章制度、行为守则等。

文化媒介物主要是指文字资料以外的各种传播工具，主要包括企业商标、媒体广告、宣传标语、厂旗、厂徽、厂训、广播和电视等。

企业技术和设备作为生产资料中最积极的一部分，是形成企业物质文化的重要保证，其发展水平决定着企业的竞争力，生产过程的机械化、自动化，以及新技术、新设备、新工艺的研发和应用都直接关系到企业文化的发展水平。

企业建筑和设施主要是指企业建筑物的风格，以及为满足生产需要和员工需求的各种基础设施及企业的整体布局等。

企业内部环境指企业的外观环境和内在环境，如企业的卫生整洁状况、企业环境的绿化情况、生产车间各种零件设备的格局、办公室物品摆放风格、员工宿舍作息和卫生情况、生活福利条件，以及能够供员工使用的休闲娱乐设施和人际氛围等。

（二）行为载体

行为是指企业决策者或者员工在企业生产经营实践中和人际关系中产生的各种活动，是企业文化的另一种重要载体。

决策者是企业当中非常重要的领导者，除了在企业文化建设当中有着非常重要的作用，也在企业文化生存发展方面也有着极为重要的作用，决策者的个人行为主要包括制定企业发展的营销策略，企业未来发展方向的选择等。

企业的核心与支柱从某种程度来说就是企业的员工，同时企业员工也是企业文化的主要载体，特别是企业当中模范英雄人物的行为，主要指的是在某一个领域当中有着非常突出和优越的能力，或者做出了很大贡献的员工典型。这些优秀的模范英雄人物不仅可以在一定程度上使企业的价值观更加形象化，同时也可以成为企业员工学习和效仿的榜样、典范。

工会行为，具体包括参与公司规章制度的制定，参与企业未来的发展规划，协调企业内部人际关系，维护员工权益权利和协商劳动关系等。

其他群体和个人行为主要包括企业文化活动、企业内部人际关系、集体活动、企业民主行为、企业诚信行为和企业伦理道德等。

（三）制度载体

制度是企业在生产经营以及管理的过程当中制定的规章制度，其主要特点是强制性。制度载体包括很多方面，如财务制度、管理制度等。

如果说企业文化是通过"软"力量来影响人，那么企业制度就是通过"硬"

规定来约束人，二者相互影响、相互作用。企业文化中的价值观、团队意识、道德规范和经营理念等，都要通过企业制度作为载体来呈现和实施。

第三节 企业文化与人力资源管理的重要关系

一、企业文化是人力资源开发管理的关键性因素

人是文化的产物，这主要基于以下几个因素：

第一，众所周知，文化发展不仅是我们人类发展的主要内容，同时也是人类发展的最终结果。文化的创造和贡献就是人类生存的目的。

第二，文化发展的水平对人的发展有着制约作用。良性的优质文化不仅可以推动民族的进步，同时可以促进人的社会化速度。最后，影响我们人类发展方向的重要因素就是文化环境。在大多数情况下，人们主要通过所处环境内人们的行为符号，来接受社会教育的主要文化信息。群体文化环境对相关成员的文化塑造，以及个性和行为方式有着极为重要的决定性作用。

文化的形成从来没有"无心插柳柳成荫"的捷径。人与文化相互作用、相互构造，二者之间的地位没有伯仲之分，在历史发展的长河中，人与文化是交织着影响和发展的。尤其是进入20世纪后，文化在民族发展和改造人的过程中的地位不断攀升，从日本的明治维新到中国的戊戌变法，从西方的文艺复兴到中国的五四运动，从各个社会的主流文化到微观亚文化的发展，从国家间的宗教种族冲突到跨文化国家间贸易往来中的文化障碍，从不同国家的人权政治文化的分歧到人们生活习惯中饮食文化和服饰文化的差异，都让我们感觉到文化原来离我们如此之近，文化存在于我们生活的方方面面，尽管文化似水般无形，但人人都能强烈地感受到它的存在及重要作用。文化在变动的社会中发展，并发挥着越来越重要的作用。

二、企业文化决定人力资源的地位

人们不同的文化意识，决定了人力资源管理在企业中的地位的差异性。美国

在 20 世纪 70 年代，通过对美日两国企业的大量实证材料比较发现，日本经济在"二战"后迅猛腾飞的原因就是"把人看作珍贵的自然资源，而不是金钱、机器"。在日本，组织和个人是同义语，而且对于人的重视程度激发了员工们对于工作的热情，许多普通员工都愿意冒适度的风险进行革新。

美国却在理性主义管理中将人力资源的地位逐步降低，造成 20 世纪 70 年代前后，美国经济和社会发展的沉闷。美国人在 90 年代末期才逐步改变了这种状况。他们曾惋惜地感慨："关心职工要经过如此之久才成为美国管理思想的一个现实的主题，不过现在美国终于要开始管理文化的革命了。"而且他们充满自信地宣告，在今后十年（讲话时为 1988 年），美国企业管理实践的主要课题是要重塑企业文化，实行更广泛的参与管理并强调把关心职工的需要作为公司的主要战略。十年后，美国经济高速增长，再一次证明了他们的判断和战略思路的正确性。这个实例再一次证明，美国经济的进步绝非固守本土文化的结果，恰恰是学习吸收日本企业文化，提升人力资源地位是其快速发展的原因之一。

日本人认为由少数"白领脑袋"带领多数"蓝领双手"，是美国人力资源无法将企业文化作用充分发挥出来的关键问题所在。以重视企业文化的日本丰田公司为例，他们将公司员工称为"合伙人"，管理人员与员工穿一样的制服上班，公司没有专为高级职员设置的专属餐厅和停车场，管理人员和工人之间以姓名相称，而不是以职务相称。这是日本企业文化观在人力资源实践上的生动反映。反之，如果将员工置于工具地位，使他们感到自己只是企业赚取利润的工具，自然不会激发员工的奉献精神。

三、企业文化影响人力资源的发挥水平

多数人认为物质报酬是企业留住人才的重要因素，但大量研究结果表明并不是。一些优秀人才离开他们所在公司的原因多数表现为缺少承认、缺少参与及经历过糟糕的管理。一些过分限制自由、无远大目标和情感色彩或者过于烦琐的禁忌，甚至工作强度不大也会造成过重的心理负担。

日本企业家太田琴彦对此深有体会："无论物质怎么充实，如果精神方面不充

实，就不完全。一支军队，即使战术再高明，精神方面的因素不具备，也打不了胜仗。"企业应该是命运共同体，像一家人一样，彼此容纳，建立能相互关心的环境，经营者要同下级建立父子或兄弟般的关系，公司和员工的家庭要建立息息相关、同甘共苦的亲密关系。

企业文化观念制约着人力资源开发的文化内容，当代员工不仅要具备技术、知识和技能，还要有认识工作本质的文化能力，有在各种条件下自觉遵从公司文化、做出正确判断和选择的文化素养。

四、企业文化影响对人力资源的投资力度

有些国家和企业组织不愿在人力资源方面多做投资，相对于基础物资设备投资而言，人力资源投资严重不足。主要原因就在于文化观念和文化素质。这些组织机构存在的误区一般有以下三种：

第一种是不认为人力资源地位重于物质资源。

第二种是认为人力资源投资的回报周期长，不能"现世现报"。

第三种是认为人力资源不是资本，没有经济学意义，因而也没有投资的必要。

20世纪50年代后期，随着人力资源在生产中的作用越发显著，人力资本的概念才被重视起来，人们看到了经济发展的根本在于人力资源质量这一现象。经济学家和统计学家们经过调查统计发现，人力资源存量和经济成功之间存在着明显且牢固的增函数关系，这引发了关于人力资本投资收益的分析。人力资本自身具有收益递增的特点，而且能弱化或者消除要素收益递减状态。于是人们承认了劳动者作为人力资本的存在和价值。尤其近些年来，随着知识经济的发展，这种意识更是在人们的文化观念中根深蒂固。

人力是资源也是资本，有了这种文化观念，才能确定人力资本优先积累的观念，才能增强对人力资源开发投资的信心。否则社会在对企业进行资产评估时，将人力资源忽略不计，在资产利用中只重视物资设备的折旧与改造，无视人力资源投资的迫切性，也就更不会建立人力资源开发的投资制度和保障体系了。

第四节　多维视角下企业文化提升竞争优势的机理

一、企业文化是一种提升竞争优势的战略资源

企业竞争优势的主要来源就是异质性资源，其中企业文化就是异质性战略资源之一。

其一，价值性。文化作为资产，不仅可以进行传承，其本身也有很大的价值。与此同时，文化可以在一定程度上成为正式控制制度的有效性补充，从而降低和减少在企业当中监督个人的成本。除此之外，文化还可以进一步加强企业与企业，以及员工与员工之间的有效性合作，大幅度缩减企业间或者员工间谈判和讨价还价的成本。

其二，不可模仿性。企业文化从某种程度上来说是有着独特性价值观、行为准则，以及精神追求的无形软件，即使其他的企业对其进行参考、借鉴和学习也很难进行有效性的复制。

其三，不完全替代性。企业文化基本上来源于企业某些特定的历史背景，因为企业都是独立存在的个体，所以企业与企业之间的历史条件都是不相同的，均有独属于自身的历史条件，这也就使得企业文化也各有千秋，各不相同。

其四，不可交易性。企业固有的东西之一就是企业的文化，因为企业文化无法通过市场进行交易。

二、企业文化、企业能力与企业竞争优势

（一）企业文化、整合能力与企业竞争优势

企业文化依据相应的特质理论具有一定的整合作用，简单来说就是企业文化具有一定的整合能力，主要表现在以下三个方面：其一，准确判断。企业面对复杂多变的环境，可以充分借助积累的丰富知识经验以及相关信息做出准确的判断。其二，正确决策。企业对环境有了全面充分的了解和掌握之后，可以做出正确的行动方案。其三，快速行动。企业在决定了具体的行动方案之后，快速、及时地

做出行动。

随着时代的发展和科技的进步，速度在复杂多变的信息化时代是极为重要和关键的决胜因素，对企业竞争力的发展有着决定性的作用。企业所拥有的资源是有限的，为了可以获得更好的发展，需要有不断获取外部资源的优秀能力。除此之外，任何一种资源都需要在人为的干预下，才可以形成一定的竞争优势，将其使用效率和使用效能充分地发挥出来。企业的各种资源在经过有效性的整合之后，最终形成一定的能力。

企业内部或者企业与企业之间，通过对资源的规划、协调和控制，得到综合效益的能力，并且此种综合效益是单一行为无法达到的，通常情况下，将其称之为整合能力。整合能力不仅可以促使企业资源得到相应的规划、协调和控制，同时也可以充分利用企业的众多资源，从而快速提升企业的竞争力和发展力。

（二）企业文化、创新能力与企业竞争优势

众所周知，现代企业非常经典和永恒的主题就是创新，同时也被认为是企业文化的灵魂所在。随着时代的进步和科技的发展，企业想要在竞争非常激烈的市场当中取得成功，需要对不同的方面进行有效性的创新，如产品、管理等。文化因素尤其是创新文化，对创新型经济的发展有着决定性的影响。通过对众多知名国际企业深入的分析和研究之后发现，这些国际知名企业在创新方面做得比较好的原因就是，在这些国际知名企业当中的企业文化中，有着促进创新的要素。

由此，我们可充分地看出来，企业文化对创新的产生有着非常重要的影响作用，对企业的发展至关重要。从已有的研究来看，有很多文化要素可以对创新产生影响，"激励"就是其中的一个文化因素，是它在企业内部环境、外部环境的推动和影响的基础上，诱发企业员工或者群体产生的自勉力、驱动力，以及积极向上的进取精神。我们已经知道，企业文化的激励性特质可以对创新能力产生一定的作用和影响，主要表现为在可以促进和推动企业创新环境的有效培育，形成一种鼓励大胆尝试、创新和实践，以及容忍失败和挫折的良好企业内部氛围，对企业员工的"心智模式"持续地进行激励，将员工的潜在智慧充分地开发出来，从而形成创新性的惯性思维。

　　通常情况下，因为创新常常会带来一些无法确定的因素，这就使得企业需要承担更高的风险，有的企业不想承担其风险性，也就不可能进行持续的创新，所以创新型公司的高层管理者或者相关领导，更加愿意鼓励企业员工进行创新。

　　创新文化和企业管理上的支持和奖励系统存在一定的关联性。企业员工没有得到企业的有效性支持，就无法真正地落实他们的新思想，即便这些员工发现了与其相对应的方法。

　　除此之外，激励性还可以促进企业创新机制的有效建立。企业文化除了可以为组织创新营造良好的企业氛围，同时也可以在以创新性为核心价值观的有效指导下，借助企业的各种规章制度和规范，构建创新法激励机制。

（三）企业文化、学习能力与企业竞争优势

　　时代环境是复杂多样的，企业在不断变化的环境当中，只依靠原料、产品等构建企业良性竞争的优势时代已经过去了，生产要素资源，如知识和能力作为其代表，已经在企业良性竞争的战略当中发挥了极为重要的作用。与此同时，企业获取知识和能力最为主要的措施就是组织企业员工进行学习，无论是地位还是作用，越来越受到企业管理者或者相关领导的重视和关注。

　　组织学习是企业在某一特定的文化气氛当中，专门针对企业自身核心的商业活动构建，以及充分完善相关知识结构与企业自身商业运作程序的具体过程。组织学习的本质是学习知识和能力的过程，同时企业文化在知识和能力形成的过程当中，对组织学习能力的形成有着极为重要的影响作用。

　　无论是站在知识经济的层面，还是站在组织学习的层面，随着时代的发展，在未来企业与企业之间基于能力的相互竞争，绝大部分是组织学习能力的相互竞争。企业在组织员工学习的过程当中，除了可以将显性知识进行有效的转移之外，也可以促进隐性知识的传递。需要注意的是，企业能力和组织流程不是一蹴而就的，需要经过不断的尝试和实践才可以慢慢地建立起来。由此，我们可以看出，企业想要在复杂多变的时代潮流当中保持和发展动态竞争优势，最为科学、有效、合理的措施就是组织学习。

第九章 多维视角下资源管理模式的发展与创新

21世纪是一个信息化的时代，这给企业的人力资源管理带来许多新的冲击和挑战。本章主要讲述了人力资源与传统人事管理的比较、人力资源在网络经济中的作用与影响、网络经济对人力资源开发与管理的影响。

第一节 人力资源与传统人事管理的比较

一、现代企业人力资源管理与传统人事管理的内涵

（一）传统人事管理的含义

我国众多的企业在很长一段时间以来，都习惯将企业员工管理称呼为人事管理。人事管理主要指的是企业对人事关系进行有效性的管理。

人事管理的主要对象是从事社会劳动的人以及与其相关的事项，它是在相关管理思想以及相关原则的充分指导下，运用各种不相同的手段和方法，如组织、控制等，推动和促使企业员工形成人与人或者事与事之间相互关系的一种良好状态，从而最终实现目标的一系列有效管理行为的总和。

（二）现代人力资源管理的含义

人力资源管理主要对人力资源的多个方面进行指挥、做出规划，如开发、利用等。促使企业当中的人力和物力，可以保持一种最佳的比例状态，同时将企业员工的潜在能力充分地发挥出来，最终提高企业员工在工作时候的工作效率。

企业在发展的过程当中充分依据企业发展战略与相关要求，运用多种科学的手段和方法，对人力资源进行有效、科学以及合理的分配，除了做好员工的培训

之外，也要做好人力资源的有效性开发，并且通过各种有效措施，充分激发和调动员工工作的积极性和主动性，从而促进和推动企业经济效益的快速提升。

（三）人力资源管理的内容

其一，企业对员工的录用，以及对员工的调配。

其二，企业对员工开展相应的教育和培训。

其三，企业对员工工作的相关考核，以及对员工的奖励。

其四，员工通过付出劳动力获得的相应工资福利、劳动的保险和保护。

其五，对员工的职位分类和定编定员，以及人类资源的规划和相关评价，同时对企业的文化建设。

二、现代人力资源管理与传统人事管理的区别

（一）管理的观念不同

因为企业员工的奖金、工资等人力投资计入企业的生产成本，所以以前的企业会想尽一切的方法，缩减企业人力投资的生产成本。随着经济的发展和时代的进步，很多优秀的学者提出了与其相关的人力资本理论，这些优秀的学者认为，人力资源除了作为一种自然性的资源之外，同时也是一种资本性的资源，并且在此之后，国外越来越多的学者开始对人力资源理论进行更深一步的分析和研究，在此理论影响下，人力资源以及人力资源投资的重要性，开始慢慢地被许多国家接受和认可。

（二）管理的模式不同

大多数情况下，传统的人事管理和现代的人力资源相比是依照上级决策来进行相应的组织分配与处理，并且大多数为事中或者事后，是"管家"式的管理，属于被动反应型，从某种程度而言是操作式的管理模式。实现社会人力资源开发战略的重要和关键环节就是企业人力资源管理，这也就使得人力资源管理模式具有主动开发的特点，属于策略式的管理模式。

快速提升企业员工工作时的工作绩效是开发人力资源的总目标，因此存在开

发人的能力，以及激发人的活力的二元具体目标。企业在对人力资源进行管理的过程当中围绕二元目标开展和组织各种有效的活动，从而使得现代人力资源管理呈现出以下两种特征：其一，构建员工培训体系，并且该体系一定要科学、合理和严谨。企业除了要对新员工做好职前教育和培训之外，同时也要对在职的企业员工开展和组织各种教育工作和活动，从而快速提升企业员工的素质和相关能力。其二，构建企业员工奖励体系，并且该体系一定要多维交叉。企业在采取相关措施时，要依据企业员工的各种合理性需求，将物质和精神的激励充分地结合在一起，有效地改善企业员工的工作质量和实际的生活质量，提高企业员工的认同感和满意度，以便于可以创造性地完成企业为员工设定的各项工作。

（三）管理的重心不同

传统的人事管理和现代人力资源管理相比较，主要以事为中心，非常注重对企业相关组织以及人员的调配。传统人事管理的要求是因事择人，简单来说就是将事业的需要或者职位的空缺作为出发点，充分依据事业或者职位的要求来选择合适的人才，因为只有这样才可以做到事得其人以及人适其事，挑选出来的优秀人才才能完美地胜任工作，同时避免和减少因人设事的情况。所以防止机构或者组织膨胀的前提就是在管理的过程当中始终贯彻因事择人。传统人事管理十分强调和注重人去适应工作，重事不重人，在进行管理的过程当中，无法摆脱给人找位置或者为事配人的局面，对企业员工的开发和利用没有给予足够的重视，忽略了这一珍贵的资源。

现代人力资源管理和传统人事管理相比较，主要以人为中心，有效地摆脱了传统人事管理的束缚，不仅将企业的员工作为内在建设性的潜在重要因素，同时也将其作为特殊的资源进行充分的发掘，从而使企业在竞争激烈的市场当中持续的发展和生存。与此同时，在对企业员工进行管理的过程当中也为其提供和创造各种有利条件，更好地将企业员工的主观能动性以及企业员工自身的劳动潜在能力发挥出来。现代人力资源在管理的过程当中非常地珍惜和爱护人力资源，将管理的方向转为以人为中心，相比传统人事管理更加注重对人力资源的进一步开发利用，最终实现快速提升企业经济效益的目的。

（四）管理的方法不同

传统人事管理在对企业员工纵向管理的过程当中，将录用、考核等相互联系的几个阶段分开，进行独立管理，从而导致员工的培训和员工的晋升脱节。站在横向的层面来看，传统人事管理在对企业员工管理的过程当中，将相互之间有联系的员工划分到不同的单位和部门，在管理的过程当中从各自的管辖范围出发，进行分口切块式的管理，规划和制定"部门所有制"。这样虽然起到了重视部门相关财产的作用，但是没有重视其使用的具体情况，从而造成了人才的闲置、压制等众多不良现象，并且这些不良现象已经成为极为常见的现象。与此同时，从企业员工流动的情况来看，无论是进来还是出去都非常的不容易。现代人力资源管理已经完美地解决了传统人事管理当中出现的弊端，它在管理的整个过程当中将企业员工的录用、晋升等环节充分地结合和联系在一起。除此之外，现代人力资源管理的视角已经成功跨越部门分割的局限，将企业当中所有的员工作为整体，来进行统一的有效管理。

稳定性高是传统人事管理的特点之一，基本上员工只要被单位录用，就会工作到退休，甚至在某一个工作岗位工作到退休。此种静态式的管理随着市场经济的不断发展，已经无法满足企业长期生存和发展的需要。现代人力资源管理和传统人事管理相比较，则采用了动态式的管理，如培训、失业等都是极为常见的事。动态管理除了可以帮助企业快速得到急需的优秀人才，使其投资获得最佳的效益，也可以在一定程度上使企业员工产生危机感，从而促使和推动企业员工不断地学习和发展。

第二节 人力资源在网络经济中的作用与影响

一、以现代信息技术为核心的全球网络经济

随着时代的进步和科技的发展，我们人类已经进入了一个全新的纪元，一个以知识为主宰的全新经济时代。与此同时，无论是信息处理还是信息传递，都随

着互联网的进一步普及、应用与发展，成功地打破了时间和空间的束缚，此种可以随时、快速联系的方法促使世界发展产生了很大的变革，除了将人们的思维方式，以及实际生活方式进行了相应的改变之外，也对整体社会经济的进一步发展产生了很大的影响。现如今，互联网不仅逐渐成为新的经济力量之一，同时也开始慢慢地成为国家和区域经济增长的最为重要的动力和源泉，是国家经济基础设施的重要组成部分。因此，站在这一层面来说，未来经济应该是网络经济。

从狭义的角度来说，网络经济应该是指和计算机网络，尤其是与互联网相关的经济。无论是信息技术产业还是信息服务行业都是它的主导产业。随着互联网技术的发展，在未来有可能所有的企业都依靠网络发展和生存，成为互联网企业，简单来说就是所有的产业均信息化和网络化。所以，网络经济从某种程度上来说应该属于广义的概念，这是站在经济的层面对未来社会的描述，无论是生产者还是消费者之间的沟通，都没有时间和空间的限制，所以这属于社会化了的直接经济。

人力资源在生产要素当中有着极为重要和特殊的作用，同时也是网络经济非常鲜明的特征。在企业管理的过程当中，人力资源管理是其重要的组成部分，众所周知，制造业在传统的工业社会当中，机器设备成本是其主要成本，而在网络经济中新兴产业的主要成本就是人工成本。随着时代的进步和科技的发展，人工在全新的经济形态下对技术、企业以及发展有着决定性的作用，其中价值创造的基础则更偏向于人力资本。也正是因为如此，人力资源的管理和网络经济两者之间有着紧密的联系，相互影响。

二、人力资源在网络经济中的作用与影响

（一）人力资源是网络经济增长的重要源泉之一

众多优秀的经济学家为了可以充分地反映出经济增长中相关要素的贡献水平，构建了经济增长模型，通常情况下，运用资本、劳动力以及技术进步三个相关要素。实际上，经济增长的速度与质量都取决于人力资源的数量和素质。人力资源素质的高低不仅对企业产品质量的优劣有着决定性的作用，也对劳动生产率

的高低有着十分重要的影响。企业的成功和失败在全新的网络经济时代取决于企业对员工的有效管理。

（二）人力资源是网络经济结构优化的决定因素

经济的发展除了有经济增长的表现之外，同时经济结构优化也是经济发展的表现。衡量和评定经济发展与否的一个极为重要的因素就是经济结构的优化。国家经济结构的优化，除了依赖于国家的相关自然资源，同时也依赖于人力资源结构的优化。人力资源结构的优化展现为静态结构时，可以和经济结构保持在一个相对平衡的状态，同时其动态结构完美地适应经济发展需要的经济结构。在对经济结构进行调整的时候，会从人力资源结构的调整开始，大多数运用的是比较强烈的市场化手段和方法，简单来说就是相关政府在对经济结构进行调整的过程当中，要指明经济结构运行的总体方向，并且正确地引导相关劳动者进入这一部门当中，给予劳动者更好的福利待遇和报酬，强制性或者诱导性地使这些劳动者可以转岗或者改行，重新接受相关经济部门的一系列素质教育和相关培训，同时为经济部门分配相关人力资源，直到饱和或者经济部门可以正常运行的状态，使得经济结构得到了科学、合理的有效性调整。

（三）人力资源是网络经济下企业的兴盛之本

企业有三种最为基本的资源，一是物力资源，二是财力资源，三是人力资源。其中，企业中的有形资源是物力和财力的资源，虽然从某种程度而言这是衡量和评定企业的重要尺度，但是存在一定的局限性。人力资源和其他两种资源相比则属于企业的无形资产，不仅没有局限性，同时也是可再生资源。企业想要快速提升人力资源的品质，可以通过开展和组织一系列的活动，如教育、培训等，来进一步提升和增加其相关品质和数量，使非人力资源被人力资源所替代，从而减轻非人力资源稀缺的巨大压力。除此之外，众多企业在全新的网络经济时代改进工艺，运用各种先进的机器设备，目的不仅是提升产品的质量，同时也是降低企业的成本，并且和同类企业相比占据一定的优势，但这些都需要高素质的人才来完成。

第三节　网络经济对人力资源开发与管理的影响

一、网络经济对人力资源开发与管理的影响

（一）人才的竞争将更为剧烈

企业在这样一个全新网络经济时代虽然得到了很好的发展机会，但是企业对于优秀人才的竞争也随之而来，并且更为激烈。当前，发达国家和发展国家均面临着这样的形势和挑战。我国在人才供需方面的矛盾则更加突出，首先，我国的人才储量和发达国家的人才储量相比有着较大的差距；其次，和众多发达国家提供给优秀人才的客观物质条件相比，处于一个相对比较劣势的位置；最后，无论是培养人才的模式，还是培养人才的方法都太过传统陈旧。由此，我们可以看出，人才的缺口从近期乃至未来一段时期，尤其是一些比较高级的优秀人才缺口，从某种程度而言会一直存在，从而使得企业与企业之间对高级优秀人才的争夺更加激烈。

（二）企业员工的工作方式更加灵活化和自由化

网络经济不仅使得企业员工的工作方式更加灵活，同时也变得更加自由。企业以前比较传统的"打卡上班"方式因科学技术的发展逐渐变少，网络工作方式开始逐渐替代它的位置。员工可以有效地通过电子邮件或者电话，与合作者或者客户进行及时的沟通和交流。与此同时，也将会有更多的人因电视会议、电子文档合作的有效结合而进入"自由职业"的劳动阵营当中。简单来说就是，一名知识型的劳动者能够在同一个时间段有多份工作和多名雇主，好处是不会立即面临失业。此种灵活和自由的工作方式对传统人力资源管理和开发是一个不小的挑战。现如今，人力资源管理部门在面对网络工作方式下的众多劳动者，需要进行多角度、全方位的考虑，如企业面对非常优秀的员工如何对其产生吸引力并且成功地留住他们。

（三）企业中的组织结构日趋扁平化和多元化

在传统的组织结构当中，企业对直线权力机构的作用非常重视，传统的组织结构随着网络的进一步发展和普及，其模式受到了非常强烈的冲击和影响。企业

因为信息可以得到及时沟通和交流以及处理事物更加便捷，管理层次相比以前减少了很多。目前大部分企业的组织形式就是扁平式和矩阵式，这是企业员工在工作中最有效和常见的工作方式。在企业未来发展的过程中，组织结构扁平化以及企业经营电子化将成为其主要发展趋势。企业在此影响下，不仅会出现一些全新的部门或者职位，同时网络营销中心等众多部门也将成为其核心部门。

（四）就业人员结构向知识化方向发展

工业经济时代和网络经济时代相比较，从事生产的工人在劳动者当中占比很大，数量高达80%。对蓝领工人以及相关服务人员的需求也将在网络经济时代的影响下逐渐减少。与此同时，非专业白领工人在办公自动化的影响下，其占比也将逐渐减少。随着时代的进步和科技的发展，企业以后的发展会对高技能信息技术岗位的知识型员工需求逐渐增多。

（五）员工的绩效评估将以效率为准绳，以在线为方式

绩效管理是企业在竞争激烈的市场环境下快速提高企业效益的关键所在，也正是因为如此，企业对员工的管理是以绩效作为准绳的。因为网络缩短了相互沟通和交流的距离和时间，所以企业的各级主管能够快速、及时地看到下属员工提交的工作述职报告，从而使得企业各级主管可以对员工进行相应的评估、指导和监督，这样除了可以降低企业评估的成本之外，也可以提高员工对企业的满意度。企业员工的评估资料都可以快速、及时和准确地被录入到在线评估系统当中，同时借助相应的后台处理功能，得出企业员工的各种分析报告，从而为公司的有效管理提供改进和完善的相关依据。

众所周知，人力资源管理的核心是企业文化。企业处于这样一个全新的网络经济时代，员工的关系也在其影响下产生了较大的变化，网络的普及和发展使得员工的相互沟通和交流变得更加地直接和广泛。例如，员工将信息发布到企业的内部网络上面；企业的员工可以有效地借助BBS论坛、建议区等进行沟通和交流，这种共享资源的模式大幅度提升员工的工作效率。在这样的网络经济时代下，构建企业文化的重要性日益突出。

二、网络经济对人力资源管理与开发提出了新要求

（一）构建不断创新的人力资源开发体系培训机制

众所周知，教育和培养是获取优秀人才的根本途径。当前，无论是教育体制还是培训体制，世界上的众多国家都在对其进行相应的调整和改革，除了不断增加资金投入之外，也进一步加大对高科技信息技术优秀人才的培养力度，希望通过调整达到从总体上提高国内劳动力素质的目的。通过加强教育和相应的教育改革，培养出更多的高科技信息优秀人才，这成为大多数国家的既定国策。

随着时代的进步和科技的发展，人们已经处于一个全新的网络经济时代，同时它也是教育发展的时代。教育和社会在此影响下，两者之间的关系也将变得更加紧密，其中教育则更偏向于对质量和人才素质的重视和关注，不仅呈现出终身化的趋势，同时也进一步呈现出国际化的大趋势。因此，无论是当前教育的相关使命，还是当前教育的重要作用，均需要站在未来发展战略的新高度来思量，不仅要对教育发展的增长点进行重新审视和选择，同时也要进一步加深改革的重点和突破点，完美地解决企业持续发展的动力机制问题和挑战，走出一条独具我国特色的教育发展道路。

（二）构建人力资源价值分配体系激励机制

企业要充分利用和发挥人力资源的作用，调动和激发每一位员工工作的积极性和主动性，需要对每一位企业员工的需求和动机进行全面充分地掌握，只有这样才可以激发和调动人力资源的潜在功能。企业的管理者或者相关领导在对员工管理的过程中应该以激励为主，其目的是员工的众多有益行为得到进一步的强化，并且使这些有益的行为可以长久地在企业中存在，这从某种程度来说对企业和员工的发展都是必要的。需要注意的是，企业管理者或者相关领导在激励员工的时候，应该运用多样化的手段和方法，物质激励和精神激励共存，其中前者包括工资、奖金等，后者包括适当的授权以及激励员工参与到企业的管理过程当中等。

（三）构建人力资源价值评价体系约束机制

企业在发展和管理的过程中应该构建全员认同的价值评价体系，借助相应的考核和监督进行有效性的约束，从而推动和促使核心价值观在企业内部形成一定

的共识，对企业所有员工的价值取向进行正确、科学的指引和引导，从而使企业最终形成一定的聚合力。随着时代的进步和科学的发展，企业处于一个全新的网络经济时代，首先，企业要有一定的团结合作精神，在实现企业设定的整体目标的过程当中，将各种不相同的文化差异进行完美地融合，用信任代替对员工的监督，从而在合作的过程当中追求共同的收益。其次，企业要为员工营造良好的学习环境和氛围。企业通过开展和组织各种丰富多彩的活动，使得员工在一定程度上可以通过学习以及内部沟通、交流来快速提升员工自身的素质，因为员工想要在这样一个全新的网络经济时代下进行沟通和交流，需要有着较高的知识水平，以便于有效地减少因员工之间的知识层次差异产生的沟通和交流的障碍。最后，企业要鼓励和培养员工大胆创新的精神，敢于进行冒险和创新的活动，并且将员工知识结构的整体优势进一步发挥出来。

（四）构建人才成长的催化体系竞争机制

企业在发展和管理的过程当中不仅要构建吸引优秀人才的机制，同时也要构建可以留住优秀人才的相关机制，使员工感受到压力，作为激发和调动员工不断进行知识创新的源泉和动力。

企业在这样一个全新的网络时代经济下，应该在内部营造一种尊重知识和人才的氛围和环境，让员工深刻地感受和认识到知识技能的重要性，在其影响下努力学习，提高相关的知识和技能。同时，企业在用人的时候应该坚持"任人唯贤"的重要原则，这样可以使有才能的优秀员工得到一定的重用，使员工在实际的工作当中获得相应的成就感和满足感，并且在接受重任的挑战过程当中持续的进步和成长。为员工打造适合相互竞争的内部环境。企业构建适合员工之间的相互竞争机制，并且按照科学、合理的评价标准，对企业的员工进行公正、公平以及合理的综合评价，依据员工最终的评价结果对其进行相应的惩罚或者激励，从而使得竞争机制的动力与压力并存。企业积极打造可以进一步提升员工能力的培训环境。企业可以依据自身发展的实际需要，选择部分合适的优秀员工到国内大学以及相关科研机构进行深入的学习和钻研。与此同时，大型企业为了可以更加适应经济全球化的发展大趋势，应该积极和国外的大学开展深入的合作与交流，将部分优秀的员工送到国外进行培训。

参考文献

[1] 苏中兴. 合作型人力资源管理与企业核心竞争力 [M]. 北京：中国人民大学出版社，2016.

[2] 丁守海. 人力资源管理实操十一讲 [M]. 北京：中国人民大学出版社，2019.

[3] 赵曙明. 人力资源管理研究 [M]. 北京：中国人民大学出版社：管理科学文库，2001.

[4] 闫培林. 人力资源管理模式的发展与创新研究 [M]. 南昌：江西高校出版社，2019.

[5] 罗文豪，霍伟伟，赵宜萱，等. 人工智能驱动的组织与人力资源管理变革：实践洞察与研究方向 [J]. 中国人力资源开发，2022，39（1）：4-16.

[6] 张建民，顾春节，杨红英. 人工智能技术与人力资源管理实践：影响逻辑与模式演变 [J]. 中国人力资源开发，2022，39（1）：17-34.

[7] 张敏，赵宜萱. 机器学习在人力资源管理领域中的应用研究 [J]. 中国人力资源开发，2022，39（1）：71-83.

[8] 杜旌，刘钰婧，文娟. 基于智能手机的电子化人力资源管理应用影响研究 [J]. 珞珈管理评论，2021（1）：32-46.

[9] 魏丹霞，赵宜萱，赵曙明. 人力资本视角下的中国企业人力资源管理的未来发展趋势 [J]. 管理学报，2021，18（2）：171-179.

[10] 谢小云，左玉涵，胡琼晶. 数字化时代的人力资源管理：基于人与技术交互的视角 [J]. 管理世界，2021，37（1）：200-216，13.

[11] 朱飞，章婕璇，朱曦济. 人力资源管理强度影响服务导向组织公民行为的实证研究——组织承诺的中介作用和象征性雇主品牌的调节作用 [J]. 中央财经大学学报，2020（12）：106-114.

[12] 田虹，姜春源.社会责任型人力资源管理对员工创新行为影响的研究——基于劳动关系视角下的链式中介作用 [J].广东财经大学学报，2020，35（6）：42–50.

[13] 刘宗华，李燕萍.绿色人力资源管理对员工绿色创新行为的影响：绿色正念与绿色自我效能感的作用 [J].中国人力资源开发，2020，37（11）：75–88.

[14] 刘冰，李逢雨，朱乃馨.适应变化：柔性人力资源管理的内涵、机制与展望 [J].中国人力资源开发，2020，37（10）：91–108.

[15] 朱斌，张佳良，范雪灵，等.匹配观视角下的战略人力资源管理模式——碧桂园集团人力资源管理之道解析 [J].管理学报，2020，17（6）：791–801.

[16] 叶一娇，何燕珍，朱宏，等.柔性人力资源管理对组织技术创新的影响及作用机制研究 [J].南开管理评论，2020，23（2）：191–202.

[17] 贾建锋，赵雪冬，赵若男.人力资源管理强度如何影响员工的主动行为：基于自我决定理论 [J].中国人力资源开发，2020，37（3）：6–17.

[18] 杨婧，杨河清.人力资源管理与组织绩效关系的实践——国外四大理论的阐释 [J].首都经济贸易大学学报，2020，22（1）：103–112.

[19] 唐贵瑶，陈琳，陈扬，等.高管人力资源管理承诺、绿色人力资源管理与企业绩效：企业规模的调节作用 [J].南开管理评论，2019，22（4）：212–224.

[20] 肖兴政，冉景亮，龙承春.人工智能对人力资源管理的影响研究 [J].四川理工学院学报（社会科学版），2018，33（6）：37–51.

[21] 孙锐，李树文，顾琴轩.双元环境下战略人力资源管理影响组织创新的中介机制：企业生命周期视角 [J].南开管理评论，2018，21（5）：176–187.

[22] 陈建安，陈明艳，金晶.支持性人力资源管理与员工工作幸福感——基于中介机制的实证研究 [J].外国经济与管理，2018，40（1）：79–92

[23] 赵曙明，孙秀丽.中小企业 CEO 变革型领导行为、战略人力资源管理与企业绩效——HRM 能力的调节作用 [J].南开管理评论，2016，19（5）：66–76，90.

[24] 林叶，李燕萍.高承诺人力资源管理对员工前瞻性行为的影响机制——基于计划行为理论的研究 [J].南开管理评论，2016，19（2）：114–123.

[25] 刘小浪，刘善仕，王红丽.关系如何发挥组织理性——本土企业差异化人力资源管理构型的跨案例研究 [J].南开管理评论，2016，19（2）：124-136.

[26] 孔令艳.移动公司人力资源管理的问题和对策研究 [D].南京：南京邮电大学，2018.

[27] 李洪英.战略人力资源管理对员工绩效影响机制及权变因素的跨层次研究 [D].长春：吉林大学，2017.

[28] 林奕聪.公共部门人力资源管理激励机制研究 [D].武汉：湖北工业大学，2016.

[29] 孙瑜.战略人力资源管理对工作绩效影响的跨层次研究 [D].长春：吉林大学，2015.

[30] 毕小军.民营企业人力资源管理存在问题及策略研究 [D].沈阳：沈阳大学，2015.